KB005558

빅데이터를 지배하는

통계의 힘

STATISTICS

빅데이터를 지배하는

통계의 힘

니시우치 히로무 지음 | **신현호** 옮김 | **홍종선** 감수

1 0 1 0 0 1

1 0

0

11 0000111010 10 0110100101101100001

01100 00101000 1 000 0101001001000000 10

01100110011010110 00110000100110110 1 0 0

00011011001000001101 000101111 101101000010 1 0

1 0 1111111010000010111 0011010001100000011 0 0 1 1

0 00 10100001 01000010 1 01 00011 0 001011

0 00100001101 0001011111011 100011 0 001 10 0

10001 00 1001110100001011 10 0110100001 01101

01001000011010000 0 11111111010 0011000 000100011 00

1 10 00000111000110 100001011110111 0 0

01101 01000010111 0001101000010 111111 01000 1

0 110001 11001 0000110100001011 0001101000110 1

0 0 0 000 0110100011000010111010000101 11000 1010

11010000 11100000101101000010 11 1011 10 0000101 1 0 0 11 100

00000110 10 00000 01101 0001100000111101000 11 0

1

0011 0001011001011000010 00 0 0

00 01111 101101 00011000000 1101000101 11011 0 1

10100 010 11 1011010000 101100101 010 011000 0

1 1 1 0

0 0 1

0

비전코리아

| 추천의 말

빅데이터 시대, 최강의 무기 통계학

2011년 하반기부터 빅데이터라는 용어가 해외 저널과 블로거들 사이에서 사용되기 시작했습니다. 국내에서도 이 시기부터 전문가 집단을 중심으로 빅데이터에 대한 관심이 높아지면서 관련 기사들이 나왔습니다. 무한경쟁의 세상을 바꾸는 새로운 블루 오션으로 빅데이터가 등장한 것입니다. 삼성경제연구소는 2013년 올해 10대 트렌드 중 하나로 빅데이터를 지목하였고, 이것이 미래의 성장 동력이 될 것이라 전망하며 그 중요성을 강조했습니다.

빅데이터는 규모와 주기, 형식 등이 너무 크고 복잡해 수집과 저장, 분석이 난해한 데이터를 말합니다. 각 데이터마다 속성이 다르며 수많은 서버에 산재해 있어 그냥 두면 쓸모가 없지만 효과적인 분석 방법을 동원하면 이전엔 생각할 수 없었던 각 자료마다의 연결고리를 만들어냅니다. 이는 현재 상황이나 미래에 대한 '결론'을 예측할 수 있게끔 해줍니다.

그런 이유로 각 나라와 기업들은 빅데이터를 활용하기 위해 사활을 걸고 있습니다. 우리나라 역시 미래창조과학부를 설치하여 과학기술과 ICTInformation & Communication Technology를 통한 창조경제와 국민행복 실현을 비전으로 삼고 과학기술 및 정보통신의 주요 통계를 국민들에게 제공하고 있습니다. 그것은 국가 정책을 선도하고 국민의 미래 설계를 지원하는 역할을 해줍니다.

빅데이터 시대에 살아남기 위한 승자의 전략, 승리의 포인트는 누가 뭐라 해도 통계적 사고입니다. 읽기 쓰기 능력만큼이나 기본적인 통계학적 사고법을 알고 있어야 합니다. 읽고 쓰는 능력을 '리터러시'라고 하는데, 통계학적 리터러시가 없으면 국가적으로나 사업적으로, 또는 개인적으로 주요한 결정을 올바로 하지 못할 위험이 큽니다. 결정장애자는 이 시대가 바라는 성공 인재상이 될 수 없습니다.

《빅데이터를 지배하는 통계의 힘》에서 수차례 강조하고 있듯이 통계학은 모든 분야에서 데이터를 모아 분석해 가장 올바르고 빠른 답을 알려주는 실용적인 학문이며 과학적 의사 결정의 근거가 됩니다. 최근 데이터를 분석하는 전문 인력(데이터 사이언티스트)의 수요가 급증하고 있는 이유도 그 때문이며, 현대 비즈니스맨이 지녀야 할 최강의 무기가 통계학인 이유도 여기에 있습니다. 수억 원의 국가 예산을 맡았거나 수많은 사람의 목숨이 걸린 의사 결정을 해야 할 실무자, 또는 기업의 매출 증대 프로젝트 담당자가 데이터 분석 없이 그동안의 개인적 경험과 감으로만 의사결정을 한다면 결과는 어떻게 되겠습니까? 실제로 역사를 살펴보면 한 사람의 결정에 따라 수만 명이 목숨을 잃을 수 있는 선택의 기로에서 아무런 과학적 근거 없이 인류를 불행 속으로 빠뜨린 선택(결정)이 존재했고, 그 결과는 참혹했습니다. 권위와 타성에 기대지 않고 글자 그대로 정답을 이끌어내는 통계학의 힘을 당시 사람들은 몰랐던 겁니다.

나는《호모다지쿠스로 진화하라》를 통해 디지털 시대의 신인류로 진화하여 디지털 시대에서 살아남은 법을 피력했습니다. 그 방법은 빅데이터 시대에 통계학을 최강의 무기로 삼으라고 강조하는 니시우치 히로무의 주장과 많이 다르지 않습니다. 이전 시대엔 정보를 수집하는 자가 세계를 다스리는 시대였다면 이제는 '통계학을 다스리는 자가 세계를 다스리는 시대'가 될 것이기 때문입니다. 저자는 "빅데이터를 지배하는 통계의 힘"이라는 명제를 역사적 예시와 다양한 사례를 통해 비전공자도 이해하기 쉽게 설명하고 있습니다. 최신 사례와 연구 결과를 토대로 통계학의 기초지식을 심어주면서 통계학의 6가지 주요 분야인 사회조사법, 역학·생물통계학, 심리통계학, 데이터마이닝, 텍스트마이닝, 계량경제학 등을 병렬식으로 설명합니다.

빅데이터만으로는 아무런 변화도 일어나지 않습니다. 최근 IT에 관심 있는 사람이 많아지면서 빅데이터의 개념에는 쉽게 접근했지만, 실제 기업의 직원들이, 혹은 정책 집행자들이 이 데이터를 통해 얼마나 가치 있는 정보를 분석해내며 과학적으로 활용하고 있는가에 대해서는 회의적인 게 사실입니다. 만약 당신의 업무에, 기업에, 속한 공동체에서 업무 비용을 줄이고 서비스의 안정을 높이기 위해 빅데이터를 모으는 기술에 자금을 투자하려 한다면, 그 전에 먼저 이 책을 정독하길 권합니다. 여기에 소개된 통계학의 기초지식만 알아도 빅데이터를 활용한 창조적인 경영을 계획할 수 있을 것입니다.

윤종록
가천대 IT융합대학 석좌교수, 전 미래창조과학부 제2차관

| 저자의 말

한국의 독자들에게

1984년 엘리 골드렛Eliyahu M. Goldratt, 1948~ 박사는 소설 형식을 빌려 기업의 공정혁신 과정을 해설한 《더 골 The Goal》이란 작품을 미국에서 처음 출간하였습니다. 이 작품은 번역판을 포함하면 총 천만 명 이상이 읽었을 것으로 추산되며, 아직까지도 수많은 사람들에게 많은 자극을 주는 명저입니다.

그러나 이 책의 일본어판 출판은 골드렛 박사에 의해 허가되지 않았다는 일화가 있는데, 그 이유가 참으로 의미심장합니다.

> 일본인은 부분 최적화의 개선에 관한 한 세계 일류급이다. 그런 사람들에게 《더 골》에서 다루는 전체공정 최적화의 기법이 알려지면 무역마찰이 재연되어 세계경제가 대혼란에 빠질 수도 있다.

1980년대까지만 해도 제조업을 중심으로 견인된 일본의 경제 성장은 그 기세가 등등하여 미국을 위협할 정도였으니 위와 같은 이유를 들어 그가 염려하는 것에 무리는 없어 보입니다.

이런 점에서 저 역시 이 책의 한국어판 출간에 대해 진지하게 고민한 적이 있습니다.

1993년 세계은행이 한국 경제를 일컬어 '동아시아의 기적'이라 표현했듯이 오늘날 한국의 경제와 산업은 비약적으로 성장했습니다. 특히 삼성이 이루어낸 갤럭시의 성공은, 80년대에 소니가 워크맨으로 세계시장을 석권한 것과 같은 현상으로 봐도 무방합니다.

이 정도의 잠재력을 지닌 한국분들에게 요즈음 비즈니스 분야에서 가장 큰 화두인 통계학의 에센스가 전해지면 세계 경제에 충격을 주게 될지도 모릅니다. 그만큼 통계학의 영향력은 강력하며, 또한 한국 국민과는 매우 궁합도 잘 맞는 학문이라고 생각합니다.

골드렛 박사가 말했던 일본인의 '부분 최적화의 개선'이란 바로 도요타의 '가이젠'(改善, 1990년대 초 일본의 도요타자동차가 비용 절감을 위해 내놓은 생산성 혁신운동: 역자 주)을 가리킵니다. 이것은 제조업의 현장에서 노동자 개개인이 자신의 작업과 관련된 데이터(예를 들면 완성한 부품 수나 불량률 등)를 집계한 다음 현장 전원이 서로 개선점을 이야기하면서 품질과 생산성을 향상시키려 하는 공정관리 시스템입니다. 이 시스템에 의해 생산된 '값싸고 고성능이면서 고장도 잘 나지 않는 일본 제품'은 세계 시장을 석권하게 되었습니다.

사실 '가이젠'의 발상은 제2차 세계대전 이후 일본을 방문한 미국의 통계학자 에드워드 데밍Edwards Deming, 1900~1986 박사에게서 기인합니다. 데밍 박사가 일본 기업의 기술자나 경영자들에게 기본적인 통계학 기법과 유용성을 전파했기 때문이지요. 그리고 얼마 지나지 않아 경영자에서 현장 작업원에 이르기까지 일본의 제조업 관련 모든 사람들이 이 지식을 공유하게 되었습니다.

'가이젠'의 배후에 있는 통계 기법은 영국이나 미국에서 체계화되었지만, 통계학자뿐만 아니라 대다수 일본인에게는 기본적인 통계 리터러시가 갖춰져 있어 이것이야말로 일본이 새로운 기법을 받아들이는 데 가장 큰 강점으로 작용했으리라 봅니다.

미국에서는 노동자의 기초적인 읽고 쓰기 능력이 부족하여 기업이 일부러 직원을 대상으로 읽고 쓰기나 계산 훈련을 시키는 사례가 있습니다. 실제로 2000년에 실시된 OECD의 국제학업성취도평가PISA에서 미국 아동들의 수학적 리터러시는 조사에 참가한 32개국 중 19위를 나타낸 반면, 일본은 1위였다는 결과만 보더라도 앞에서 언급한 제 생각이 충분히 뒷받침될 겁니다.

그렇지만 아시아에서 수학적 리터러시를 무기로 삼는 나라가 일본뿐만은 아닙니다. 2000년, 한국은 PISA에서 일본에 이은 2위를 기록했지만 2003년 이후부터는 한국이 일본보다 줄곧 높은 성적을 나타내고 있습니다. 저는 한국의 제조업 현장에 대해 자세히 알지는 못하지만 일본에 뒤떨어지지 않는 수준으로 생산성 향상과 품질개선을 해왔기 때문에 삼성이나 LG전자 같은 기업이 세계를 무대로 약진할 수 있었다고 봅니다.

통계학 관련 서적이 일본에서 3개월 만에 40만 부나 팔린 이례적인 사태의 배후에는, 기초적인 통계 기법이 일상적으로 이용되는 일본이란 나라의 특수한 수학적 리터러시 능력이 작용했을지도 모릅니다. 하지만 지금은 일본 이상의 수학적 리터러시를 갖추고 산업 전반에서 두루 맹위를 떨치고 있는 한국 국민 여러분에게 이 책이 강력한 무기를 손에 넣는 계기가 되었으면 하는 바람입니다. '가이젠'은 통계학이 한 나라의 경제와 산업을 크게 바꾼 흔치 않은 사례 중 하나이지만 그와 같은 정도, 아니 그 이상으로 통계학에 의한 성공이 한국에서 활짝 꽃피울 가능성은 충분히 있습니다.

통계학을 몸에 익힌 여러분의 번영을 진심으로 기원함과 아울러, 저는 일본 국민의 한 사람으로서 혹은 통계 전문가로서 책임을 느끼며 '경제가 대혼란에 빠진다' 하는 사태만은 벌어지지 않도록 저 자신의 일에 정진할 생각입니다.

니시우치 히로무

Contents

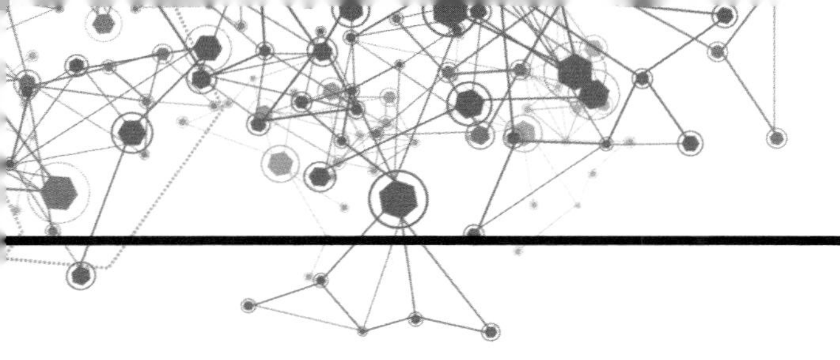

제1장

빅데이터, 통계학에서부터 시작하라

s t a t i s t i c s

01
실생활과 밀접한 통계 리터러시

> 1903년, H. G. 웰스는 읽기, 쓰기 능력과 마찬가지로 통계학적 사고 역시 장차 사회인이 갖춰야 할 기본교양이 될 것이라고 예언했다.

위 글은 하버드 대학 메디컬스쿨에서 사용하는 통계학 교과서 첫머리에 적혀 있는 내용이다.

영국 출신의 H. G. 웰스Hebert George Wells, 1866~1946는 SF소설의 아버지라 일컬어지는 작가이자 비평가로 타임머신이나 투명인간 같은 SF적 소재를 소설로 써서 유명해졌다. 또 폭넓은 과학지식을 바탕으로 핵무기와 국제연맹UN, 심지어 오늘날 널리 쓰이는 위키피디아Wikipedia 같은 백과사전의 등장까지 예언했을 만큼 선견지명이 뛰어난 인물이었다.

현대 통계학의 여명기인 1903년, 웰스가 어떻게 그런 예언을 할 수 있었는지는 확실히 알려진 바가 없다. 그러나 그 후 100년 이상이 지난 지금, 우리는 분명 읽고 쓰기 능력을 기본으로 갖춰야 하는 것처럼 통계학적 사고방식 또한 당연히 알고 있어야 하는 시대에 살고 있다. 읽고 쓰는 능력을 리터러시Literacy라고 하는데 통계학적 리터러시, 즉 '통계 리터러시'가 없으면 사업적으로, 개인적으로 제대로 큰 결정을 내리지 못할 위험이 크다. 읽고 쓰기를 못하면 계약서나 법률 내용을 알 수 없는 것처럼 통계 리터러시가 없으면 확률이나 데이터를 이해할 수 없기 때문이다. 경우에 따라서는 합법적인 사기의 피해자가 되어도 아무런 불평도 못하는 무기력한 상태가 되고 만다.*

사무실 내기에서 승리 확률을 높이는 통계

통계학자 실생활과 밀접하게 쓰이는 예를 하나 들어보겠다. 대학원생 시절, 필자는 연구실 친구들과 간식을 사러 편의점에 다녀올 사람을 뽑는 내기를 종종 하곤 했다. 뽑기 방식은 다양했지만 사다리타기가 가장 간편해서 자주 이용했다.

사다리타기는 누구나 해보았을 것이다. 참가자는 총 4명, 우리는 너무 쉬워 부정이 생기지 않도록 4명의 배수인 8개의 세로선

---

* 참고로 통계학이란 집단현상을 수량적으로 관찰하고 분석하는 방법을 연구하는 학문이다. 이를 통해 기존 이론의 문제점을 해결해내고 명확한 사실 관계를 밝혀내며 어떤 프로젝트에서 성공확률을 높이는 방법을 찾아낼 수 있다.

을 긋기로 했다. 더 공정을 기하기 위해 먼저 내가 다른 참가자들이 볼 수 없게 가리고 왼쪽에서 네 번째 세로선 아래에 별표를 그려 넣었다. 나머지 3명의 친구들은 별표를 가린 종이 위에 각각 네 줄씩 가로선을 그었다. 모든 참가자는 가위바위보를 해 이긴 순서대로 ①~⑧의 세로선 중 하나씩 골랐다. 첫 번째 판에서 당첨자가 나오지 않으면 이번에는 역순으로 다시 한 번 사다리를 탔다. 최종적으로 별표를 선택한 사람이 당첨자로 편의점에 심부름을 다녀와야 하는 것이다.(도표 1)

전혀 어떤 조작도 없고 너무도 공평하게만 보이는 사다리타기, 그런데 과연 실제로도 그럴까? 별다른 생각 없이 직감에만 의존해 번호를 찍는다면 내기에서 이길 확률은 매우 낮아진다.

도표 1 사다리타기 그리기

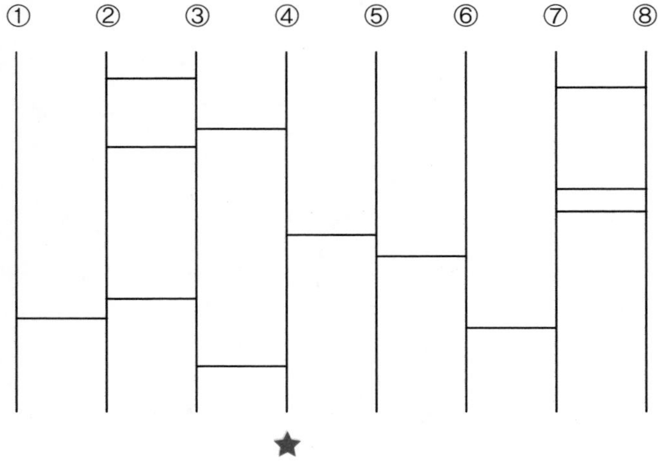

① ② ③ ④ ⑤ ⑥ ⑦ ⑧

★

도표 2 사다리타기의 번호별 당첨 확률

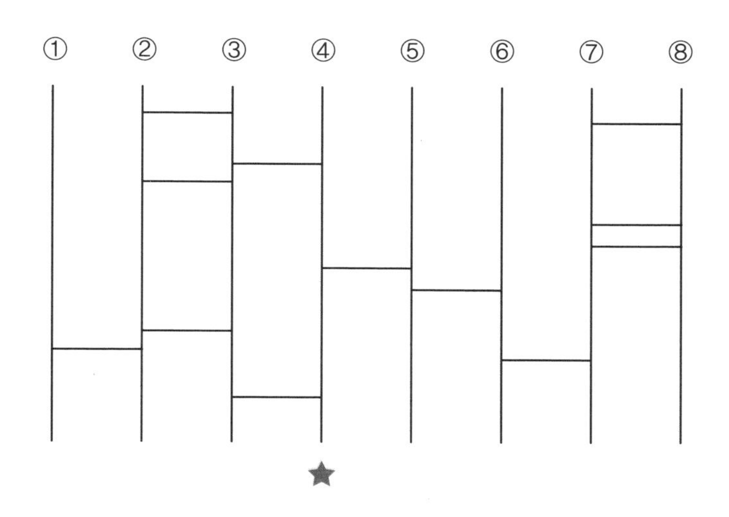

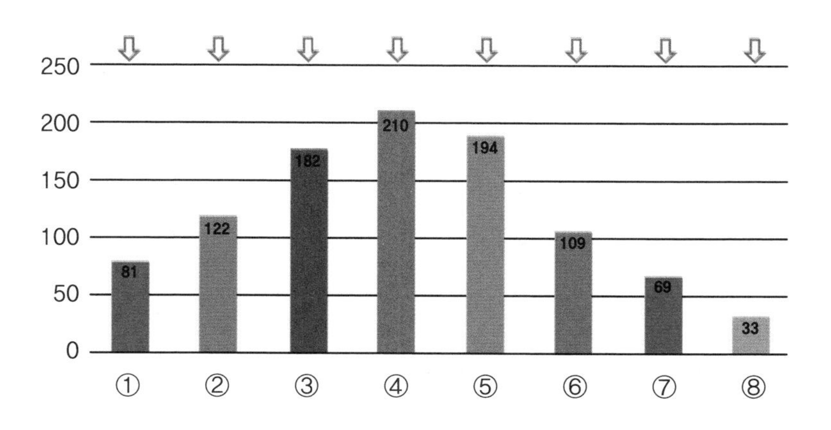

1000번 중 당첨되는 경우의 수

위 사다리타기 규칙에 따라 1000번 반복해 시뮬레이션해보면 〈도표 2〉와 같은 결과가 얻어진다. 당첨 확률이 가장 높은 번호는 별표가 그려진 바로 위의 ④선으로 1000번 중 210번, 즉 21.0%의 확률이다. 그다음으로 바로 오른쪽 옆의 ⑤선이 19.4%의 확률로 당첨되며, 맨끝의 ⑧선은 3.3%의 확률에 그친다.

이상하게 사람들은 사다리타기 내기를 하면 양쪽 끝선을 먼저 선택하는 경우가 거의 없다. 다시 말해 이 내기는 모두가 공평하게 4분의 1, 즉 25% 확률로 당첨될 것이라고 생각하지만 양쪽 끝만 선택한 내가 편의점에 갈 확률은 11.4%[={(81+33)÷1000}×100] 정도밖에 되지 않는다. 그러나 중앙부에 있는 ④, ⑤선을 잘 고르는 사람이라면 심부름꾼이 될 확률은 40.4%[={(210+194)÷1000}×100]로 치솟는다. 그래도 그가 확률을 모르면 '왠지 요즘은 운이 따라주지 않네!' 하며 아무렇지도 않게 심부름을 다녀올 것이다.

참고로 공사 입찰에서 '최종적으로 똑같은 조건의 입찰자가 있을 경우에는 제비뽑기로 정한다'라고 하는 지방자치단체도 있다고 하니, 확률을 높이는 제비뽑기 기법을 활용해 매출을 올리는 회사가 있을지도 모르는 일이다.

통계학을 다스리는 사람이 세계를 다스린다

물론 가로선을 긋는 게 시뮬레이션대로 완전 임의적(random, 무작위, 일정한 기준이나 원칙 없이 하는 것)이라고 할 수 없고, 아무리 확률이 낮아도 내가 당첨될 가능성은 여전히 존재한다. 하지만 통계학을 알고 있다면 불확실한 상황에서 나름 꾀를 발휘해 위험성을 낮출 수 있는데 그것을 꼼수라든가, 얕은꾀라고 무시하면 큰 코를 다친다.

내가 데이터분석을 해준 어느 기업의 예를 들어보겠다. 그 회사는 습관처럼 등록된 모든 고객에게 DM을 발송했다. 그런데 '어떤 고객에게는 보내고 어떤 고객에게는 보내지 않는다'는 최적화* 선택 하나만으로 6% 정도의 매출을 증가시켰다. 1000억 엔 정도의 매출을 올리는 회사이므로 예상되는 매출 증가액은 60억 엔 정도이다.

DM 발송량을 줄였으니 오히려 비용은 낮아졌다. 단지 'DM 발송 효과가 있는 고객'과 '그렇지 않은 고객' 기준만 분명히 정해서 발송했을 뿐인데 이렇게 어마어마한 매출 증대를 일으킨 것이다. 분명 기업 수준의 의사결정에서는 통계를 이용한 이런 작은 꾀가 무시돼도 좋을 꼼수라고 볼 수는 없다.

이것이 바로 통계학이다. 21세기를 사는 우리가 통계학을 모른다면 60억 엔가량의 돈이 순식간에 허공으로 사라져버리는 것이다. 통계학 지식은 현대 비즈니스맨이 지녀야 할 최강의 무기로 통계자료는 모든 의사결정에 가장 먼저 필요한 기본 장비이다. 이미 비즈니스 영역에서는 통계학을 응용한 솔루션을 가리켜 '비즈

---

* 가장 좋은 결과가 얻어지도록 여러 방면으로 연구하는 것.

니스 인텔리전스BI'라는 용어까지 만들어냈다. 인텔리전스는 007 같은 스파이 영화에 종종 등장하는 CIACentral Intelligence Agency, 미국 중앙 정보국의 가운데 단어로 '정보를 저장해 새로운 상황에 이용할 수 있는'이라는 뜻이다. 《손자병법The Art of War》으로 그 이름을 널리 알린 손자孫子, ? ~ ?의 시대중국 춘추전국시대, BC 8~BC 3세기부터 지금에 이르기까지 전쟁에서 정보의 중요성은 아무도 부정하지 못한다.

정보를 지배하는 자가 세계를 다스린다는 말을 현대에 맞게 바꾼다면, '통계학을 아는 자가 세계를 평정한다'는 말이 된다.

s t a t i s t i c s

02
답을 알려주는 실용적인 학문, 통계학

왜 통계학은 최강의 무기가 되었는가? 어떤 분야에서든 데이터를 모아 분석해 가장 올바르고 빠른 답을 제시해주기 때문이다.

여러분이 어떤 기업에서 일하고 있는 사원인데 어느 날 사장이 매출 증대 프로젝트를 실시하겠다며 직원들에게 아이디어를 내라고 했다고 가정해보자. 아마도 여러 부서에 포진하고 있는, 제 딴에는 날고 긴다는 베테랑 사원들이 '내 감각으로는……'이라든가 '오랜 경험에 비춰볼 때……' 같은 주관적인 근거를 들먹이며 이런저런 제안들을 내놓을 것이다.

단언해도 좋다, 여러분의 회사에 충분한 데이터가 축적돼 있다면 데이터 분석도 없이 감과 경험만으로 논의를 거듭하는 것은 시간낭비일 뿐이다. 모여서 회의를 하면 할수록 인건비 낭비이고 시간만 헛되이 쓰는 것이다. 일본 회사에서는 대체로 시급 800엔의 아르바이트 학생이 일을 게을리하면 나무라면서도 시급으로 환산해보면 그 몇 배나 받는 직원들이 회의에서 쓸데없이 시간 낭비하는 것에 대해서는 의외로 무감각하다.

그래도 감과 경험만으로 의사결정을 해 잘못이 나타났는데 회사와 직원, 더 넓혀 거래처 정도까지만 곤란을 겪는 선에서 그치면 큰 문제가 아닐 수도 있다. 하지만 세상에는 종종 사소한 의사결정이 많은 사람의 목숨까지 좌지우지해 도저히 책임을 묻지 않고 그냥 넘어갈 수 없는 경우도 있다.

여러분의 의사결정에 10만 명의 목숨이 좌우된다고 가정해보자. 그때 여러분은 여전히 경험과 감에만 의존해 결단을 내리겠는가? 거꾸로 국무총리나 노동부 장관 등이 내 가족을 포함해 10만 명 이상의 목숨을 잃게 할 수도 있는 선택의 기로에 서 있다고 생각해보자. 그들이 아무 과학적 근거도 없이 멋대로 결정을 내린다면 과연 어떤 말을 하겠는가?

에이, 그런 일은 현실에서는 일어나지 않는다고 말하는 사람이 있을지도 모르겠다. 그러나 역사적으로 이런 사건이 존재했고 현재도 드물지 않게 일어나고 있다. 의료, 그중에서도 필자의 전문분야인 '공중위생', '사회의학', '보건행정' 같은 영역에서는 지금 이 순간에도 10만 명의 목숨이 왔다 갔다 하는 결정이 내려지고 있다. 예를 들면 일본에서는 해마다 약 35만 명, 10만 명가량이 각각 암과 심장병으로 죽고 있으며 3만 명 정도는 자살을 한다. 통계를 이용해 적절한 예방법이나 치료방법을 모색하면 이 가운데 수만 명 이상의 목숨을 건질 수 있다.

19세기 런던에서 인류는 사상 처음으로 통계학의 힘을 빌려 만 단위의 인명을 앗아간 원인을 알아내는 데 도전했다.

원인도 모르는 전염병을 막기 위해 연구하는 학문을 '역학疫學'* 이라고 한다. 세계 최초의 역학 연구는 19세기 런던에서 콜레라라는 전염병을 대상으로 이루어졌다. 역학 분야에서 통계학은 매우 큰 역할을 했다.

당시 영국에서는 네 차례에 걸쳐 콜레라가 크게 유행해 수만 명에 달하는 귀중한 목숨을 앗아갔다. 지금처럼 과학기술이 고도로 발달하지는 않았지만 당시 영국에도 교육 수준이 높은 과학자와 의사는 물론 능력 있는 관료들도 상당히 많았다. 다들 매우 총명하고 논리적이었지만 도대체 이 콜레라를 어떻게 막아야 하는지 몰라 했다. 심지어 어떤 이는 더 악화시키는 정책을 내놓기도 했다.

한 의사는 콜레라를 막기 위해 특수 탈취제를 쓰자고 제안했다. 당시는 산업혁명이 한창 진행 중이던 때라 굶주리던 농민들이 대거 런던으로 몰려들어 공장 노동자로 일했다. 연일 도시가 터져나갈 듯 인구가 불어났지만 집들은 그에 맞춰 늘어나지 못

---

* 어떤 지역이나 집단 안에서 일어나는 질병의 원인이나 변화를 연구하는 학문. 전염병의 예방, 치료 연구에서 시작해 현재는 재해나 공해 등의 문제도 다룬다.

했으므로 사람들은 좁은 지역에 변변치 못한 집들을 빼곡히 지어 살 수밖에 없었다. 당연히 하수도도 정비되지 않았고 쓰레기 처리도 제대로 되지 않았으며 여기저기 배설물들까지 쌓여 있었다. 거리마다 악취가 코를 찔렀다. 그런 불결한 환경에서 살던 많은 노동자들이 콜레라에 걸려 죽어갔다. 그래서 그 의사는 악취를 제거하면 콜레라도 퇴치할 수 있지 않을까 생각했던 것이다.

또 여기저기 쌓여 있는 오물을 치우기 위해 노력한 관료도 있었다. 그는 하수도를 정비해 강으로 오물을 흘려보내는 정책을 폈다. 이 관료는 제1차 콜레라 대유행기에 크게 활약해 어느 정도는 전염병 확산이 진정되는 듯했다. 그러나 이 때문에 제2차 콜레라 대유행기(사망자 약 7만 명)에는 1차 때(사망자 약 2만 명)보다도 더 많은 목숨이 희생되었다. (그 이유는 뒤에 설명한다.)

요컨대 지성과 학식을 겸비한 지식인들이 지혜를 짜내어 펼친 아이디어와, 시간과 노력을 다해 벌인 정책들이 모두 헛수고, 아니 오히려 해를 끼치기까지 했다.

'역학의 아버지' 존 스노의 등장

그렇다면 어떻게 대처해야 했을까? 당시 외과의사로서 현재 '역학의 아버지'라 불리는 존 스노John Snow, 1813~1858가 한 행동은 아주 단순했다.

- 콜레라로 목숨을 잃은 희생자 집을 가가호호 방문해 이것저것 묻고 주변 환경을 잘 관찰한다.
- 똑같은 상황 아래서 콜레라에 걸린 사람과 걸리지 않은 사람의 차이를 비교한다.
- 가설이 세워졌으면 대규모로 데이터를 모아 콜레라의 발병과 관련돼 있을 것처럼 보이는 '차이'가 어느 정도 확실성이 있는지 검증한다.

그는 조사 결과를 모아 책자 형태로 정리했는데 그중 가장 단적으로 콜레라 예방법을 보여주는 것이 〈도표 3〉이다.

스노는 열악하고 불결한 지역을 찾아가서 급수펌프시설별 이용 가옥 수와 콜레라 사망자 수를 확인했다. 그런데 A 급수펌프시설 이용자는 1263명이나 목숨을 잃었는데 B 급수펌프시설 이용자 집에서는 98명밖에 사망자가 나오지 않았다. 물론 비교 집단의 수가 다르기 때문에 이 수를 단순 비교하는 것은 적절치 못하다.

도표 3 스노의 조사 결과

	가옥 수	콜레라 사망자 수	가옥 1만 채 당 사망자 수
A 급수펌프시설 이용	40046	1263	315
B 급수펌프시설 이용	26107	98	37

출처: 존 스노, 《콜레라의 전파방식에 대해서》

가옥 수가 많을수록 그만큼 콜레라 감염자가 포함될 확률이 높아지기 때문이다. 그래서 스노는 1만 채 비율로 두 집단의 사망자 수를 비교했다. 그 결과 역시 A 급수펌프시설을 이용하는 집의 사망자가 8.5배나 많았다.

이처럼 급수펌프시설만 다르고 다른 조건은 거의 동일한데도 위험도가 8.5배나 차이가 있다면 당연히 뭔가 이유가 있을 것이다.

스노는 이 결과를 토대로 지극히 단순명료한 콜레라 퇴치법을 제시했다.

'우선 잠시 동안이라도 A 급수펌프시설의 물은 이용하지 않는다!'

스노가 이 발표를 하고 약 30년 후 독일의 세균학자 로베르트 코흐Heinrich Hermann Robert Koch, 1843~1910가 콜레라의 병원체인 '콜레라균'을 발견하게 된다. 그 균은 물과 밀접한 관련을 맺고 있으며, 콜레라 환자의 배설물에도 포함되어 있고 콜레라균이 섞인 물을 마시면 콜레라에 감염된다는 것이 증명되었다.

A와 B 급수펌프시설의 차이는 수원지였다. A는 런던 중심을 흐르는 템스 강의 하류에서, B는 템스 강 상류에서 각각 물을 끌어 왔다. 당시 템스 강으로는 앞서 언급했던 용감한 관료의 노력 탓에 콜레라 환자의 배설물이 대량으로 흘러들어가고 있었다. 다시 말해 그는 비록 의도하지는 않았지만 콜레라 환자를 효율적으로 늘리는 사회 시스템을 만들어버린 셈이었다.

유감스럽게도 스노의 주장은 '과학적이지 않다', '확실한 증거가 없다'고 해 학회나 정부에 받아들여지지 않았다. 하지만 그의 조언에 따라 콜레라에 오염된 물을 사용하지 못하게 한 곳에서는 더 이상 콜레라가 퍼지지 않았다.

위의 예에서도 알 수 있듯이 머리나 감, 행동력이 뛰어난 사람들을 모아 토론을 하는 것만으로는 단순하지만 강력한 해결책이 나오지 않는다. 또 어떤 대책은 언뜻 이치에 맞아 보여도 무익하거나 심지어 유해한 경우도 종종 있다.

스노가 제시했던 '역학' 관련 개념은 서서히 의학 전반에 없어서는 안 될 중요한 요소로 자리매김하게 되었다. 담배를 피우면 폐암을 비롯한 암에 걸릴 위험이 커지고, 혈압이 높으면 심장병이나 뇌졸중으로 발전될 가능성이 많아지는 것은 현대를 살아가는 우리들에게 당연한 상식이다. 그러나 불과 50년쯤 전에 미국의 프레이밍험이라는 작은 마을에서 이루어진 대규모 역학 연구 결과가 발표되기까지는 전혀 그렇지 않았다. 그때까지는 의사나 과학자 중에서도 담배나 고혈압이 건강에 어떤 영향을 미치는지에 대한 다양한 설이 있어서 저마다 각자의 주장을 굽히지 않았다.

그러나 요즘은 역학연구 결과가 그 모든 주장을 잠재워버리고 '암을 없애려면 우선 흡연율부터 낮춰라!', '심장병을 줄이려면 혈압부터 관리해라!'라고 확실하게 말한다. 그에 따라 인간의 수명은 50년 전과 비교해 엄청나게 늘어났다.

프레이밍험 역학연구가 이루어지지 않아 지금도 논쟁에만 근거해 잘못된 판단을 하고 있다면 도대체 얼마나 더 많은 사람들이 죽었을지 상상만 해도 끔찍하다.

이처럼 통계학은 엄청난 힘을 발휘한다.

03
통계학은 모든 과학적 분석 방법의 기본

스노가 의학 분야에서 데이터와 통계해석*에 근거해 최선의 판단을 내리는 '역학' 부문을 창안해낸 이래로 100년 이상의 세월이 흘렀으며, 이제 역학은 의학 영역뿐 아니라 과학 전 분야에서 중요한 연구 모형으로 자리 잡았다.

현대 의료에서 가장 중요한 개념 중 하나가 EBMEvidence-Based Medicine이다. '과학적 근거증거에 바탕을 둔 의료'라는 뜻으로 여기서 말하는 과학적 근거란 타당한 방법에 의해 얻어진 통계 데이터와 그 분석 결과이다(그룹을 나누고 통계로 결과를 보여주는 것).

역학의 방법론은 계속 발전해 정확한 위험요소를 추정할 수

---

* 조사를 통해 밝혀낸 수치가 어느 정도의 신뢰성과 유의미성을 갖고 있으며 인과관계의 방향은 어떠한지, 어떤 사실 관계를 알 수 있는지 등을 밝혀내는 것을 말한다.

있게 되었다. 인간의 몸은 불확실성이 많아서 생리학적 이치로는 당연히 올바른 치료법이 제대로 효과를 발휘하지 못하는 경우가 있다. 또 경험이 풍부한 권위 있는 의사들의 치료법이 사실은 완전히 잘못된 방법이었다는 사례도 속속 드러나곤 한다. 그러므로 의사의 경험과 감만이 아닌 제대로 된 데이터와 그 해석 결과, 즉 에비던스를 바탕으로 가장 적절한 판단을 해야 한다는 것이 현재 의학계에서 주류를 이루는 사고방식이다.

참고로 EBM 사고방식의 역사는 오래 되지 않았다. 1980년대부터 90년대에 걸쳐 전 세계로 확산되었으므로 현재 책임 있는 위치에서 진료를 하고 있는 대다수 의사들은 EBM을 '학생 시절에 거의 배우지 않았다'. 벌써 20~30년이 지났지만 의사에게 통계학을 가르치는 일은 미국에서조차 아직 풀어야 할 과제가 많은 것처럼 보인다. '수련의를 대상으로 기초 통계학 시험을 치렀는데 매우 유감스러운 결과가 나왔다'는 내용이 미국 의사회가 간행하는 학술잡지에 게재되었을 정도다. 당연히 EBM 사고방식이 현장 차원에서 철저하게 자리 잡기까지는 아직 요원한 것이 현실이다.

그렇지만 의학 분야에서 통계학적 에비던스가 가장 중요한 연구방법 중 하나임은 이제 부인할 수 없다. 예를 들어 제약회사가 신약을 개발했으면 면밀하게 계획된 연구방법으로 정보를 수집하고 그에 대한 적절한 통계해석을 한다. 그리고 그 결과를 보건복지부에 제출해야만 신약이 인가되고 보험 적용도 받을 수 있다. 약이 시판된 뒤에도 제약회사는 조금이라도 더 팔기 위해 거액의 연구비용을 투자해 통계학적 에비던스를 만든 다음 MR Medical Representative:제약회사의 의약품 정보 담당자을 통해 의사들에게 직접 알리기 위해 힘쓴다.

에비던스는 불필요한 논쟁을 불식시키고 가장 올바른 해답을 제시한다. 물론 데이터의 해석 방법에 따라 얼마만큼 올바르고 어디까지가 잘못인지 서로 다른 주장이 나올 수는 있다. 그러나 통계 에비던스에 반론을 제기하려면 통계학적 데이터나 방법론의 한계를 지적하든지 아니면 자기 이론을 뒷받침할 만한 새로운 에비던스를 찾아내야 한다. 결코 이치나 경험이라는 말만으로는 공격할 수가 없는 것이다.

교육학계에서도 활용되는 에비던스

최근 통계 에비던스는 의학 분야에만 그치지 않고 더 넓은 범위로 확산, 이용되는 추세이다. 미국의 교육학계에서는 에비던스의 중요성에 주목하기 시작하더니 요즘은 에비던스에 근거해 교육 효과를 평가하는 곳도 생겼다. 대표적인 것이 부시 정권 때 수립된 '학습부진아대책법 No Child Left Behind'에서 출발한 What Works Clearinghouse WWC 프로젝트이다.

이를 살펴보면 '불우한 환경의 학생들을 대상으로 하는 교육서비스는 과학적 근거가 있는 연구 결과를 토대로 계획되어야 한다', '청소년 폭력이나 마약을 근절하면 과학적 근거가 제시된 정책에 그 예산을 돌린다' 등의 문장에서 볼 수 있듯이 '과학적 근거'라는 표현이 백 번 이상이나 등장한다.

WWC 프로젝트는 이처럼 과학적 근거에 바탕을 두고 교육 프로그램을 계획하거나 평가하기 위해 지금까지 실시해온 교육 정책을 모두 체계적으로 정리했다. 그리고 결과를 인터넷에 공개해 미국 전역에 걸쳐 교육의 질을 향상시키기 위해 힘썼다. 학습부진아대책법은 몇 가지 문제가 지적되기는 했지만 적어도 이런 과학적인 자세를 교육 분야로까지 끌어들인 것은 큰 공적이다.

신기하게도 사람은 교육 전문가가 아니라고 해도 나름의 교육관을 밝히고 싶어 하는 경향이 있다. 완전히 은둔자의 길을 걸어오지 않았다면 선진국에 사는 대다수 사람들은 어떤 형태로든 학교 교육을 받았을 것이며 아이들이 태어나면 당연히 교육을 시키게 마련이다. 그래서 '나도 교육을 받을 만큼 받았다' 혹은 '아이들 교육은 철저히 시켰다구' 같은 개인적인 경험만으로 교육의 좋고 나쁨을 판단해 개인 의견을 표출한다. 또 아이를 대학도 졸업시키기 전에 고시시험에 합격시켰다거나 자녀 여럿을 도쿄 대학교에 보냈다는 사람들의 개인적인 경험담을 듣고 싶어 하며 그들의 말에 무조건적인 신뢰를 보내기도 한다.

하지만 어떤 교육이 좋은지는 개인의 특성이나 능력, 환경 등 여러 요인에 의해 달라지며 이는 의료와 마찬가지로 불확실성이 큰 분야이다. 병에 걸렸을 때 단지 최고령 기록을 깼다는 이유만으로 가장 나이 많은 노인을 찾아가서 오래 사는 비결을 물으려

하는 사람은 당연히 없다. 그런데도 아이의 성적으로 고민하는 부모가 자녀를 전원 도쿄 대학교에 보낸 부모의 체험기를 사서 읽는 것은 참으로 기묘한 현상이라고 할 수 있다.

그리고 많은 부모와 소위 교육 전문가라고 하는 사람에서부터 비전문가에 이르기까지 다양한 목소리가 교육기관에 아이들의 학업 성취도를 높이기 위한 각종 개선안을 제안한다. 몇 가지 예를 들면 다음과 같다.

- 교사에게 학급 성적을 올리도록 경쟁을 시켜 그 결과를 수당 산정에 반영한다.
- 초등학교 입학 전부터 아이에게 영재교육을 시켜 천재로 키워야 한다.
- 수학 교육에 컴퓨터를 접목시켜 효율화를 도모해야 한다.

그러나 과연 어떤 방법이 효과가 있는지는 결국 데이터와 통계학의 힘을 빌리지 않고서는 누구도 알 수 없다.

위 첫 번째, '교사를 경쟁시켜 그 결과를 수당 산정에 반영한다'는 아이디어는 2006년부터 2009년에 걸쳐 내슈빌 공립학교에서 2만 4000명의 학생과 300명의 교사들을 대상으로 실험적으로 실행되었다. 그러나 '개선을 보이기는커녕 오히려 악영향'이라는 통계학적 결론이 내려졌다.

두 번째 영재교육과 관련해서는 세 살에서 네 살까지의 아이들 4700명에게 읽기와 쓰기 그리고 수학의 조기교육을 실시해본 결과가 있다. 세 살 혹은 네 살 시점에서는 분명 참여한 아이들이 동년배 다른 아이들에 비해 읽기, 쓰기, 수학의 성적이 월등하게 좋아졌다. 하지만 초등 1년생이 될 즈음 추적조사를 해보니 다른 아이들과 별반 다르지 않다는 통계해석 결과가 얻어졌다.

끝으로 컴퓨터를 접목시킨 수학 교육은 셋 중 가장 효과적인 방법임이 밝혀졌다. 이 방식을 적용한 학생들이 전통적인 수업방식으로 교육받은 학생과 비교할 때 통계학적으로 확실하다고 말할 수 있는 수준으로까지 수학 성적이 상승했기 때문이다. 미국에서 실시된 I Can Learn이라는 프로그램이 실제로 그런 결과를 나타냈다.

물론 미국에서 얻어진 결과가 다른 나라에서도 똑같이 적용될지 이론의 여지는 존재한다. 하지만 여기서 말하고자 하는 것은 이 같은 교육방법의 유용성을 판단할 수 있게 한 근거가 다름 아닌 통계학이라는 점이다.

야구와 경제학에도 미치는 통계학의 영향

더 나아가 심리학이나 사회학, 자연과학 분야에서도 가설을 검증할 때 적절한 데이터를 취하고 해석하기 위해 통계학의 지식을 이용한다.

통계학적 분석방법론 중 하나로 '세이버매트릭스Sabermatrics,

과학적 통계로 야구를 이해하려는 노력'*라는 것이 있다. 이 분석방법론은 실제 〈머니볼〉**이라는 제목의 영화로 제작되어 만년 꼴찌 야구단도 빅리그에서 우승을 다툴 수 있다는 사실을 보여줬다. 최근에는 야구 외의 다른 스포츠 분야에서도 데이터 분석을 통해 승리를 이끌어 낼 수 있는지, 다양한 방법이 시도되고 있다.

경제학에서도 오랫동안 여러 가지 가정(사람은 합리적으로 행동한다거나 거래에 필요한 비용은 제로라는 등의 가정)을 바탕으로 이론이 뒷받침된 수리數理모델이 고안돼왔다. 그리고 지금은 과거 수백 년에 걸쳐 축적된 각국의 경제 관련 데이터(성별, 연령대별 인구나 국민소득, 저축액, 물가 등)가 디지털 형태로 수집되고 정리되면서 통계학적으로 경제성장의 전망과 지표에 대한 해석이 가능해졌다.

경제성장에서 중요한 것은 '기술진보'이지만 기술진보에 기여하는 교육 수준이나, 기술개발을 이뤘을 경우 그 이익이 개발자에게 적절히 배분되도록 하는 '사회제도'(예를 들면 특허제도 등)의 중요성 역시 날로 커지고 있다. 아울러 요즘은 과거와 달리 천연자원이 경제성장에 그다지 큰 영향을 미치지 않는다는 것이 정설인데, 두 사실 모두 데이터와 통계학적 해석에 의해 분명해졌다.

경영 관리, 마케팅, 이노베이션 같은 분야에서도 통계학의 역

---

* 빌 제임스가 제시한 야구를 통계학적, 수학적으로 분석하는 방법론. 처음 창안된 70년대 이후 수많은 변화를 겪어왔으며, 이제는 야구 전반에서 쓰이고 있다.

** 오클랜드 애슬레틱스 팀이 실제로 세이버매트릭스를 적용해 미국 메이저리그 20연승의 대기록을 세운 것을 내용으로 한 영화.

할은 마찬가지로 중요하다.

'강력한 리더십과 그렇지 않은 리더십의 차이는 무엇인가.'

'어떻게 하면 시장세분segment로 유망 분야를 찾아낼 수 있는가.'

'연구직 사원에게 어떻게 동기부여를 해야 기술개발이 빨라질까.'

위 같은 질문에 이 세상 모든 직장 상사들이나 실용서 저자들은 저마다 자기 방식의 이론을 늘어놓지만 이 역시 앞에서 든 교육학에서의 예와 마찬가지로 '현 상황에서 적용 가능한 최선의 대답'이 이미 통계학을 통해 명확히 드러나 있다.

바라든 바라지 않든 어떤 학문에 종사하는 학자라도 통계학을 사용해야 하는 시대가 이미 도래했으며 통계 리터러시만 갖추고 있으면 경험과 감 이상의 실제적인 무기를 손에 넣은 것이다.

통계 리터러시는 세계 최상위 수준의 학자가 오랜 세월의 연구를 통해 밝혀낸 진실에 직접적으로 접근할 수 있도록 도와준다.

s t a t i s t i c s

04
IT와 통계학의 기막힌 결혼

왜 지금에 와서야 통계학이 여러 분야에서 중요시되고 있는가?

데이터 간의 관련성을 알아내 인과관계를 밝혀낸다는 현대 통계학의 기본 사고방식은 20세기 전반에 거의 확립되었고 주요한 통계해석 기법 또한 1960년대에 이미 대부분 모양새를 갖췄다. 또 현대 통계학의 아버지라 불리는 로널드 A. 피셔Ronald Aylmer Fisher, 1890~1962가 세상을 떠난 지도 50년이 지났다.

"통계학이 그렇게 최강의 학문이라면 더 오래 전부터 사회 곳곳에서 활용되었어야 하지 않은가?"

이런 의문이 드는 것도 당연하다.

그 대답은 통계학 자체가 아니라 통계학을 둘러싼 환경 변화에서 찾을 수 있다.

이를 설명하기 위해 먼저 프레이밍험이라는 시골 마을 주민들을 대상으로 이루어진 대규모 역학 연구에 대해 좀 더 알아보자. 일반적으로 '프레이밍험 심장연구'라 일컬어지는데 제2차 세계대전이 끝난 지 얼마 지나지 않은 1948년, 당시 증가일로에 있던 심장병의 원인을 명확히 밝히기 위해 시작되었다. 그 전까지 로베르트 코흐 같은 세균학자들이 콜레라균을 포함한 각종 병의 원인이 되는 세균을 밝혀내고 백신이나 항생물질 같은 치료방법까지 알아내 세균 감염으로 목숨을 잃는 사람은 현저히 줄어들었다. 하지만 그 후 심장병, 암, 뇌졸중같이 세균과 관계없는 병이 미국을 비롯한 선진국에서 대다수 사망원인을 차지하게 되어 이를 해결하는 것이 의학계의 과제로 대두되었다.

이런 배경하에 뉴딜정책으로 유명한 프랭클린 루스벨트 대통령Franklin Roosevelt, 1882~1945에 의해(여담이지만 루스벨트 대통령도 심장병으로 사망한다) 인류 최초라고도 할 수 있는 대규모 역학 연구가 실행되었다. 심장병이든 콜레라든 원인을 찾으려면 먼저 신중하게 대규모 데이터를 수집하고 이어서 적절한 통계해석을 해야 한다.

당시 프레이밍험에는 2만 8000명가량의 주민이 살고 있었는데 이중 29~69세 주민 가운데 약 3분의 2에 해당하는 사람들이 프로젝트의 취지에 부응해 참여했다. 그때까지만 해도 심장병의 원인으로 알려진 것은 거의 전무했다. 따라서 성별이나 연령 같은 기본적인 정보와 함께 과거 걸린 적이 있었던 병, 생활습관, 혈압, 심전도, 혈액성분, 사회경제학적 지표(학력 따위) 등 필요하다고 여겨지는 다양한 항목이 조사되었다. 또 수집된 혈액은 나중에 발전된 검사방법이 발견되거나 검사항목이 추가될 경우를 대비해 동결 보존하였다.

참고로 프레이밍험 연구는 여전히 진행 중이며 각종 연구를 통해 새로운 사실이 알려질 때마다 조사항목이 추가되고 있다. 지금은 최초 참가자들의 자녀는 물론 3대째 자손들에 대해서도 유전자 검사를 포함한 다양한 조사를 하고 있다.

프레이밍험 연구는 5000여 명을 대상으로 각종 검사와 면접 방식으로 진행되었는데 프로젝트 출범 초기 조사 간격은 2년에 한 번으로 정했다. 대규모 프로젝트인 만큼 해마다 조사하는 것이 당연하고 실제로 당시 연구자들도 그렇게 하고 싶은 마음이 간절했을 것이다. 하지만 기술적인 한계로 인해 그나마 2년에 한 번 하는 것이 최선이었다. 여기서 말하는 기술적 한계란 데이터를 관리하고 집계하는 시스템이 너무도 열악했다는 점이다.

초기 프레이밍험 연구팀이 데이터 수집에 사용할 수 있었던 설비는 단 하나, 대형 펀치카드가 전부였던 것 같다.(도표 4)

펀치카드를 실제로 본 적이 있는가? 두꺼운 종이에 구멍을 뚫어 그 위치에 의해 데이터를 기록하는 초기 컴퓨터 자료 입력 장치이다. 5000여 명의 생활습관과 혈액검사 결과를 손으로 적은 뒤

도표 4 컴퓨터 프로그램용 펀치카드

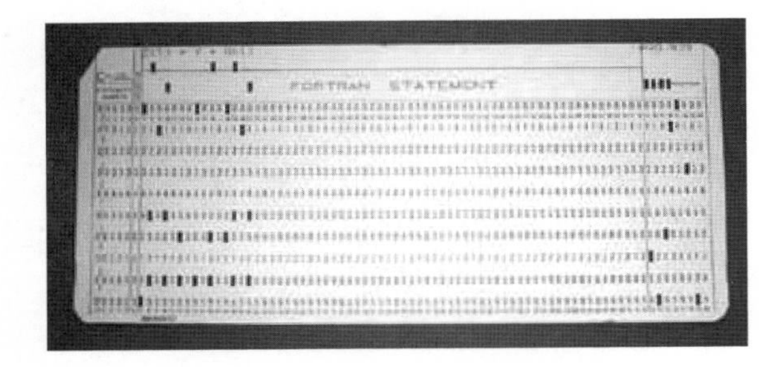

촬영: Arnold Reinhold

다시 펀치카드에 기록하고 이를 또 잘못이 없는지 확인하는 절차는 결코 말처럼 쉬운 작업이 아니다. 게다가 각종 조사항목의 평균값과 비율까지도 계산해야 했으므로 2년에 한 번 조사가 고작이었을 것이다.

프레이밍험 연구의 목적인 '심장병을 발생시키는지 여부' 같은 두 값의 변수와 다양한 조사항목의 관련성을 해석하기 위해서는 일반적으로 로지스틱 회귀분석Logistic Regression Analysis*이 사용된다(사실 로지스틱 회귀분석은 프레이밍험 연구 때 처음 생겨났다). 그런데 5000명 분의 데이터에 이 분석방법을 적용하려면 로그변환Log Transform을 포함한 복잡한 행렬계산을 해야만 결과가 나온다. 프레이밍험 연구를 통해 10년에 걸쳐 조사된 데이터는 1960년대에 IBM이 만든 대형 범용계산기에 의해 비로소 분석이 가능해졌다.

---

* 종속변수와 독립변수들 간의 인과관계를 분석하고 예측하는 대표적인 통계 모형이다.

컴퓨터를 이용한 대량 처리의 통계학

그 후 IT산업은 해를 거듭할수록 급격히 진보되었다. 펀치카드에 입력하던 데이터는 이제 CD나 하드디스크 등에, 그것도 화면을 보면서 손쉽게 기록할 수 있다. 축적된 데이터를 누군가에게 전달할 때도 인터넷만 연결돼 있으면 언제든지 가능하고, 통계해석도 개인 소유의 노트북은 물론 스마트폰으로도 손쉽고 빠르게 할 수 있게 되었다.

통계학자들은 불과 얼마 전까지만 해도 통계 결과의 정확도를 높이기 위해 데이터 수를 줄이거나 계산 절차를 생략하는 방법 등을 끊임없이 연구해왔다. 하지만 IT산업의 발달로 더 이상 데이터의 가짓수나 계산의 복잡함은 문제가 되지 않으므로 그런 연구는 자취를 감추게 되었다.

또 과거의 통계학 교육은 칠판과 분필, 종이와 펜만으로 수식을 이해하고 수십 건 정도의 데이터를 손으로 직접 계산하고 분석하는 방식으로 이루어졌다. 그러나 지금은 간단한 프로그램이나 통계해석 툴을 조작해 대규모 데이터도 쉽게 분석할 수 있다.

통계학의 기본 방식이나 기법 자체는 대부분 수십 년 전 완성되었지만 그것을 누구라도 언제든 손쉽게 사용할 수 있도록 만든 것은 20세기 말부터 시작된 IT혁명이다. 과거 종이와 펜의 통계학과 오늘날 IT에 의한 통계학 사이에는 이제 좁혀지지 않는 엄청난 간극이 존재하며 앞으로 통계학자들은 수학적 능력뿐 아니라 컴퓨터 활용 기술에까지 정통해야만 살아남을 수 있게 되었다.

이 책을 읽고 있는 여러분 중 몇몇은 학창시절 받은 수업을 떠올리며 통계학을 따분한 이미지로만 생각하는 사람이 있을 것이다. '종이와 펜의 통계학'만 교육받은 까닭에 시대의 최전방에서 최선의 답을 끌어내는 IT에 의한 통계학의 강력함(빅데이터)을 체험하지 못했기 때문이다.

지금 '빅데이터'라는 말이 유행하는 이유

최근 몇 년간 IT분야는 눈 돌아가는 속도로 발전해왔다.

IT는 비즈니스의 대다수 과정을 바꿔놓았다. 상품의 구입, 재고, 판매 등의 기록이 거의 전자화되어 비용이나 매출 파악을 종이로 관리하던 시대보다 훨씬 간편해졌다. 고객의 신상에 관한 내용이나 구입 이력, 직원의 근무시간과 평점, 건강상태, 지불된 급료나 정산된 경비 등도 사내 시스템 혹은 엑셀시트 안에 기록돼 있다. 상품 생산을 위한 기계의 동작 내용은 물론 자사 홈페이지에 대한 고객의 접근도 등 거의 모든 기록을 필요할 때마다 언제든 꺼내어 참고자료로 활용할 수 있다. 회사의 전 업무 과정이 디지털화되었다고 해도 과언이 아니다.

하지만 모든 업무가 IT화되자 이제 IT시장은 레드오션이 되어버렸다. 아무리 하드웨어나 소프트웨어의 처리능력을 향상시켜도 더 이상 IT화할 수 있는 업무 영역이 없으므로 고객이 성능에 특별히 불만을 가지지 않는 한 새로운 구매동기를 창출해낼 수 없다. 하드웨어 업체와 소프트웨어 업체, 그리고 IT 서비스를 제공하는 업체 등 IT 관련 기업들은 이제 고객에게 더 뛰어난 새로운 기술을 팔기 위한 '명분'을 만들어내야 할 필요가 생겼다.

그 명분 중 하나가 이 뛰어난 성능을 활용해 '새로운 가치를 창출할 수 있다'는 식으로 접근하는 방식이다. 또 하나는 가치 창출과는 별개로 대량 처리의 필요성을 제안하고 '언뜻 보기만 해도 비즈니스에 도움이 된다는 확신'을 갖게 해 구매를 유도하는 것이다. 바로 이게 통계학이 IT를 장악하게 된 이유이다.

지금은 데이터 양이 아무리 방대해도 어떤 계산이든 할 수 있다. 그렇기 때문에 더욱더 '통계해석'이 중요해졌다. 막대한 정보를 단순히 기록하고 보관만 해서는 아무런 도움이 되지 않는다. 바로 이 통계해석이 빅데이터,* 비즈니스 인텔리전스 등의 유행하는 단어로 바뀌어 사용되고 있는 것이다.

오랜 세월 IT업계의 거인으로 펀치카드와 대형계산기 시대부터 프레이밍험 연구를 이끌어온 IBM 사의 동향은 그중에서도 눈

* 일차적인 뜻은 데이터의 양이 방대해 종래의 방법으로는 수집, 저장, 검색, 분석하기 어려운 것을 말한다. 그러나 이차적으로는 그런 큰 데이터를 여러 기법을 이용해 유의미한 정보로 만들어내는 과정까지를 포함한다.

에 뛴다. 그들은 비즈니스 인텔리전스로 유명한 코그너스Cognos*
사나 통계분석 소프트웨어를 개발한 SPSS 사 등 이 분야에서 노하
우와 브랜드파워를 겸비한 회사를 거액을 들여 매수했다. IBM 사
가 2005년부터 2011년에 걸쳐 통계학이나 비즈니스 인텔리전스
관련 회사에 투자한 돈이 140억 달러 이상이라고 한다. 그 정도
는 아니지만 마이크로소프트 사와 데이터베이스로 유명한 오라클
사, NTT 데이터 사도 모두 비즈니스 인텔리전스 관련 회사 매수
에 적극적으로 뛰어들고 있다.

그들은 차세대 비즈니스 영역에서는 이런 통계해석(빅데이터, 비
지니스 인텔리전스) 분야가 가치를 창출할 거라고 판단하는 것임에
틀림없다.

이 추측을 뒷받침하는 근거는 마이크로소프트잡스블로그
Microsoft JobsBlog에서 2010년 8월 23일자에 올린 기사 안에서 찾을
수 있다.

그들은 자사의 채용 동향에서 테크놀러지 분야 중 앞으로 가
장 주목받게 될 전문성으로 다음 세 가지를 들었다.

---

* 비즈니스 관리자가 더 나은 결과를 얻도록 지원하는 개인용 분석 솔루션을 개발한 회사.

- 데이터마이닝,* 기계학습, 인공지능, 자연언어처리
- 비즈니스 인텔리전스, 경쟁분석
- 분석, 통계 – 특히 웹 분석, A/B 테스트,** 통계해석

세 가지 모두에서 통계학의 향기가 진하게 풍겨온다. 인간의 인지기능을 위해 알고리즘 연구로 시작된 기계학습이나 인공지능 등의 분야는 이제 통계학의 기초이론 없이는 배우는 것 자체가 곤란해졌으며, 비즈니스 인텔리전스는 통계학을 비즈니스 영역에서 응용한 개념이다. 또 A/B 테스트를 하기 위해서는 현대 통계학의 아버지 로널드 A. 피셔가 20세기 전반에 확립한 실험계획법The design of Experiment의 기초지식이 필요한데 이것 역시 통계학의 한 분야이다.

---

* data mining, 많은 데이터 가운데 숨겨져 있는 유용한 상관관계를 발견해 미래에 실행 가능한 정보를 추출해내고 의사 결정에 이용하는 과정을 말한다.

** A/B 테스팅은 두 종류의 웹 페이지를 놓고 어떤 버전의 웹페이지가 판매 연결률이 더 높은지를 실험해보는 것이다.

통계 전문가는 앞으로 10년 동안 가장 섹시한 직업

구글의 수석 경제학자 할 배리언Hal Varian, 1947~ 박사는 2009년 1월에 매킨지 사가 발행한 논문집에서 이렇게 밝혔다.

> 거듭 말하지만, 10년 이내에 통계 전문가는 가장 섹시한 직업이 될 것이다.
>
> I keep saying the sexy job in the next ten years will be statisticians.

sexy라는 말은 요즘 '끝내준다'라든가 '매력적이다'는 의미로 자주 쓰인다. '이번에 새로 출시된 스마트폰은 디자인이 참 섹시하다' 식으로 사용되는 것이다. 그런데 이 섹시하다는 표현이 통계 전문가들에게도 붙여졌다.

통계 전문가의 한 사람으로서 대단히 영광스럽게 생각한다. 결코 듣기 좋으라고 한 입에 발린 소리만이 아니다. 통계학은 지금 IT라는 강력한 동반자를 만나 모든 학문 분야를 통틀어 세계 곳곳에서, 그리고 인간의 삶이 미치는 모든 영역에서 최선의 답을 제시하고 있다.

한때 인류는 올바른(혹은 올바르다고 생각하는) 대답을 얻기 위해서는 절대자에게 의지할 수밖에 없었으며 그 후로도 권위 있는 사람의 학식에 따르던 시대가 오래도록 지속되었다. 하지만 지금은 다르다. 최선의 답은 이미 여러분 주변에 있는 데이터 속에 잠들어 있다. 만약 그곳에 없다면 필요한 데이터가 아직 다 모이지 않은 것이다. 통계학이라는 최강의 학문만 알면 누구나 방대한 자료를 이용해 더 부자가 되고 더 능력 있는 사람이 될 수 있다.

그리고 이 최강이자 섹시한 학문의 힘을 얻기 위해 더 이상 IBM 사처럼 1조 엔을 지불할 필요도 없다. 그 막대한 금액에 비교하면 지극히 사소하고 보잘것없는 통계학 기초 공부에 시간을 투자하는 것, 단지 그것만이 요구된다.

제2장

정보비용을 대폭 줄여주는 통계

s t a t i s t i c s

05
통계 전문가가 본 빅데이터 광상곡

앞 장에서도 다뤘지만 빅데이터라는 유행어가 나타난 지도 꽤 되었다. 한 주가 멀다 하고 어딘가의 기업이 빅데이터에 관한 보도자료를 발표하고 잡지나 웹 미디어 등에는 '빅데이터의 미래'라든지 '앞으로 빅데이터 시대를 살아가려면' 같은 기사가 실리곤 한다. 여기저기서 '빅데이터'라는 개념에서 비즈니스 기회를 찾으려는 사람이 많아지고 있다. 심지어 IT나 통계학을 전혀 모르는 사람조차 '앞으로는 빅데이터의 시대'라고 하며 빅데이터를 무시하면 시대에 뒤처지는 거라는 말들을 한다.

주소록이든 입출금 기록이든, 업무 관련 데이터라면 엑셀시트로 관리하면 되는 것 아닌가 하는 정도밖에는 생각이 미치지 않는 사람이라도 새로운 데이터베이스 기술에 흥미를 가질 수밖에 없는 환경이고, 발명된 지 100년이나 지난 통계기법을 전혀 이해하지 못하는 사람도 '데이터마이닝'이란 단어에 희망을 품게 되었다. 이 모든 것이 최근 10년 안에 벌어진 일이다.

그런데 일반 기업의 직원들이 과연 데이터가 '빅'이라는 것, 혹은 '빅'이라는 수식어가 붙은 데이터를 분석해서 유의미한 정보를 얻어내는 일이 얼마만큼의 가치를 갖는지 아니면 과연 투자하는 비용에 걸맞은 수익이 얻어지고는 있는지 알고 있을까. 이해하는 사람이 없어서인지 혹은 이해는 하나 자신들의 비즈니스에는 별다른 도움이 되지 않기 때문에 그다지 큰 목소리를 내지 않는지는 잘 모르겠지만 아직까지 빅데이터를 제대로 활용하고 있다는 말을 들어본 적이 별로 없다.

대신 대규모 데이터를 효율적으로 처리하기 위한 새로운 제품 구조와 성능 혹은 그에 따르는 별것도 아닌 응용사례는 자주 듣는다. 예를 들어 오라클 사의 엑사데이터Exadata라는 제품은 기존 데이터베이스 시스템의 10배 이상의 성능을 가진다는 이야기와 하둡Hadoop이라는 툴을 사용하면 파일을 여러 하드에 분산시킴으로써 대규모 데이터를 고속처리할 수 있다는 정도의 말을 들었을 뿐이다(분산파일 시스템).

'빅데이터'와 연관돼 등장한 상품이나 용어를 대충 열거하면 〈도표 5〉로 요약된다.

데이터 처리가 고속화됨으로써 웹서비스는 사용자 수가 엄청나게 늘어도 빠른 서비스를 제공할 수 있으며 사내 시스템에서는 더욱 짧은 시간에 정해진 작업을 끝마칠 수 있다. 업무 처리의 신속화는 당연히 인건비 절약에 도움이 되었다.

내가 들은 '빅데이터 기술의 성공 체험'은 대부분 이 정도이다.

포화상태에 다다른 IT업계가 새로운 마인드를 담은 고가의 기술 제품을 팔게 된 건 분명 IT 관련 기업으로서는 바람직한 일이다. 요즘 컴퓨터 판매에서 가장 많이 들을 수 있는 말은 '데이터 처리속도가 10배 이상 빨라집니다', '데이터마이닝 도구도 무료로 드립니다'이다. IT업계 마케팅 사원은 빅데이터를 이용해 매출증대에 열과 성을 다하고 있다.

그러나 빅데이터나 위 기술, 제품만으로는 비즈니스에 아무런 도움이 되지 않는다. 자주 받는 상담 중에 이런 것이 있다.

> 우리 회사에는 테라바이트에 달하는 방대한 데이터가 축적되어 있다. 엑사데이터급 성능은 아니지만 서버도 도입했다. 그렇다면 이제 뭔가 알 수 있어야 하는 것이 아닌가?

솔직히 질문 자체가 이해가 되지 않는다. '무엇을 알 수 있는지도 모르면서 왜 그런 투자를 했습니까?' 하고 되묻고 싶다. 실제로 몇 번 그렇게 되물었는데 '글쎄요, 뭔가 알 듯한 느낌이 들어서요'라든가 '일단 현 상황은 파악할 수 있었지요'라며 개운치 않은 대답만 할 뿐이었다.

기업이 여러 대의 고성능 서버로 시스템을 구축하려면 수천만 엔 단위의 투자가 필요하다. 경우에 따라서는 1억 엔 이상의

도표 5 빅데이터 관련 전문용어

용어	설명
데이터마이닝 Data mining	이미 축적된 대량의 데이터로부터 쓸 만하고 가치 있는 정보 혹은 가설을 추출해내는 것, 또는 추출해내기 위한 방법. '슈퍼마켓의 계산 데이터를 데이터마이닝한 결과 기저귀와 맥주가 동시에 팔리는 비율이 의외로 높았다' 같은 식으로 자주 쓰이는 용어이다.
텍스트마이닝 Text mining	사람이 읽기 위해 쓴 (혹은 듣기 위해 말한) 비구조적 텍스트를 분석하는 방법론. 언어학 기법이 발전해 비즈니스에도 응용되고 있다. 형태소 분석이란 문장을 최소 의미 단위로 나누는 것을 말하는데 이런 과정을 통해 등장하는 형태소 간의 관계성을 분석한다.
엑사데이터 Exadata	데이터베이스 업계에서 오랜 세월 군림해온 오라클 사가 천문학적인 돈을 쏟아부어 완성시킨 빅데이터 관련 주력 상품. 놀랍게도 하드웨어와 소프트웨어 양면으로 데이터를 분산시켜 고속 처리하도록 최적화되어 있다. 성능도 뛰어나지만 가격도 엄청나다.
그린플럼 Greenplum	엑사데이터의 경쟁상품. 오픈소스 기술을 적절하게 사용하기 때문에 엑사데이터보다는 비용을 덜 들이고 규모는 업그레이드시켜서 거대 데이터를 고속 처리할 수 있다.
분산처리 Distributed processing	완벽하게 처리하기 힘든 대량 데이터도 100대의 서버에 분산시킨 다음, 마지막에 다시 정리하면 100배 빠르게 처리할 수 있을 것이라는 개념에서 출발. 데이터 구조나 알고리즘에 따라 분산과 정리 접근법이 다르다는 것이 어려운 부분이다.
인메모리 데이터베이스 In memory database	데이터를 읽거나 쓰는 속도를 고속화하기 위해 하드디스크나 SSD가 아닌 메모리(RAM)에 데이터를 기록한다. 전원이 나가면 당연히 데이터가 소실되기 때문에 SSD와 RAM을 조합해 서로 약점을 보완하려는 연구가 진행되고 있다. 온메모리라고도 한다.
AWS Amazon Web Services	아마존 웹서비스에 의한 데이터베이스나 데이터 해석 등의 클라우드 서비스. 빅데이터나 분산처리에 대응하는 것도 있다.
비구조화 데이터 Unstructured data	오라클 사를 비롯한 기존의 일반적인 데이터베이스(릴레이셔널 데이터베이스: RDB)는 '형태가 정해진 깨끗한 표'와 '표끼리의 연결'을 바탕으로 데이터를 보존하거나 검색하는데, 그런 형태로 정리하기 어려운 혹은 굳이 정리하지 않는 데이터.
NoSQL	RDB 처리는 SQL이라는 언어로 기술되는데 그와는 다른 방법으로 데이터를 보존하거나 처리하는 것을 의미.
KVS Key Value Store	RDB에서는 표와 표끼리의 연결 형태로 처리하지만 이것은 표의 내부 값(Value)과 값끼리의 연결(Key) 형태로 데이터를 처리한다. 비구조화 데이터를 포함해 대규모 데이터를 분석 처리하는 데 편리하다.
R언어	오픈소스의 통계해석용 언어. 유료 소프트웨어를 살 수 없는 비교적 가난한 학자들이 사용하는 언어인데, 최근 갑자기 주목을 받고 있다. 엑사데이터나 그린플럼, 나아가 SPSS로부터도 직접 R 라이브러리를 호출할 수 있게 되었다.

비용이 들지도 모른다. 그런데도 결재권을 가진 몇몇 어르신들은 '뭔가 알지도 못하는 것'에 종종 막대한 자금을 투입한다.

만약 여러분 회사가 지금 일상 업무에 드는 비용을 절약하고 서비스의 안정성을 높이기 위해 빅데이터 기술에 투자하려고 한다면 하다못해 이 책을 10쪽 정도라도 읽고 나서 했으면 한다. 이 책에서 다루는 통계학의 기초지식만 알더라도 데이터에 바탕을 둔 올바른 경영 판단을 할 수 있다.

왜 그런 일이 가능해질까? 그 대답을 알기 위해 다음에서는 1930년대 미국에서 무슨 일이 벌어졌는지부터 살펴보겠다.

06
뉴딜정책을 뒷받침한 통계학자들

노벨 경제학상 수상자인 폴 크루그먼Paul Krugman, 1953~은 서브프라임 위기에서 현재에 이르기까지 세계를 뒤덮은 불황을 가리켜 '제2차 세계공황'이라고 표현했다. '제1차 세계공황'은 1929년 뉴욕 증권거래소에서 주가가 대폭락하면서 시작되었다.

미국뿐만 아니라 당시 공산주의 국가였던 소비에트연방을 제외한 거의 모든 선진국이 주가대폭락의 직격탄을 맞았다. 그 결과 국내총생산GDP이 급감하고 불행하게도 이는 결국 제2차 세계대전으로까지 이어진다. 이 시대에 오즈 야스지로小津安二郎, 1903~1963(구로사와 아키라, 미조구치 겐지 감독과 더불어 일본 영화계의 3대 거장이라 평가받는 인물)는 〈대학은 나왔지만〉이란 영화를 제작해 대다수 대학 졸업자가 일자리를 찾지 못하는 가운데 취업을 하기 위해 동분서주하는 젊은이들의 모습을 그렸다. 이런 상황은 미국도 마찬가지였

다.(도표 6)

대학 진학률이 50%를 넘는 지금과 달리 당시는 많은 이가 대학을 가지 못했기 때문에 대학 졸업자는 진짜 엘리트였다. 하지만 경제가 제 역할을 다하지 못해 일자리가 없다면 아무리 엘리트라도 취직이 하늘에 별 따기가 되기는 마찬가지이다. 실업률이 최대 25%까지 치솟았다니 지금의 일본 취직빙하기는 한여름 미풍 같은 그나마 다행스런 수준이 아닐까. (2012년 11월 일본의 실업률은 4.1%)

도표 6 세계공황 당시 미국의 실업률

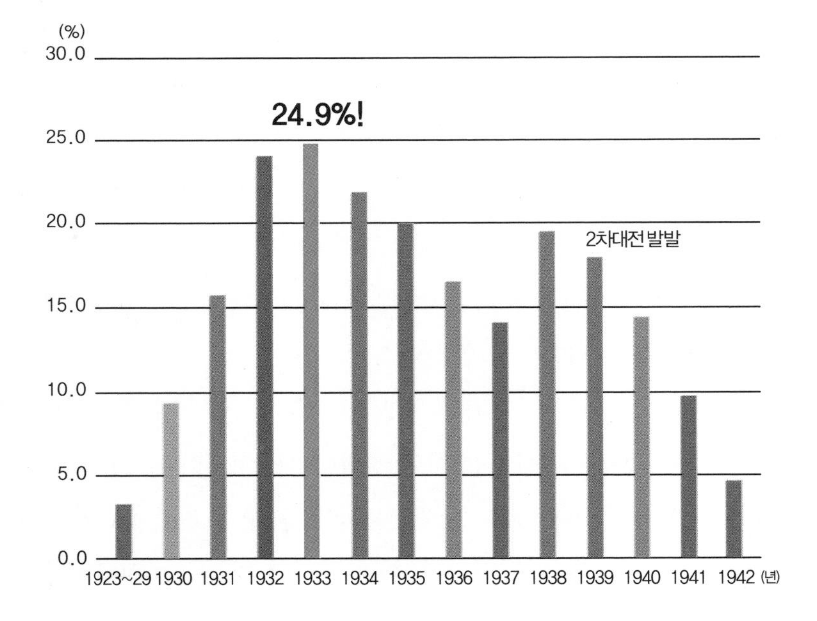

항상 역경은 도전의 기회가 되기도 한다. 정부의 입장에서 그 상황은 어떤 의미에서는 운이 좋았다. 높은 대졸자 실업률은, 바꿔 말하면 당시 최신 통계학을 배운 젊고 우수한 수학자나 경제학자를 정부의 직원으로 마음껏 뽑아 쓸 수 있는 상황이라는 뜻이기 때문이다.

실업률이 24.9%를 기록했다는 1933년에 출범한 프랭클린 루스벨트 대통령의 새로운 정부는 불황을 타개하기 위해 '뉴딜정책'이라 불리는 일련의 사업을 시작했다. 여기에 당시 갈 곳이 없었던 우수한 젊은이들을 필요한 만큼 고용해서 활용했다. 참고로 앞에서 프레이밍험의 역학 연구(1948년 시작)도 루스벨트 대통령의 주도로 실시되었다고 했는데 그때 중심 역할을 한 통계학자들 또한 이 시기에 채용된 우수한 젊은이들이었다.

뉴딜정책은 불황에서 벗어나고 실업률을 낮추는 것이 목적이므로 먼저 정확한 실업자 수부터 파악해야 했다. 정치가뿐만 아니라 일반 국민들도 높은 실업률이 문제임을 인식하기는 했지만 실업자 수가 100만 명인지 1000만 명인지 정확한 수치는 알 수 없었다. 그 숫자에 따라 어떤 정책을 세워야 하는지가 근본적으로 달라지는데도 당시는 '300만 명에서 1500만 명'같이 대략적인 수밖에는 알지 못했다.

물론 펀치카드라는 도구밖에 없어서 5000명을 대상으로 조사하는 일조차도 쉽지 않았던 프레이밍험 역학 연구 때보다 더 과거의 일이라는 점은 고려해야 할 상황이기는 하다. 당시 미국의 1억

2000만 명~1억 3000만 명 정도의 인구를 대상으로 조사하는 것은 현대에서 테라바이트급 데이터를 취급하는 것 이상으로 비현실적인 수준의 '빅데이터'였음에 틀림없다.

실업률 25%, 어떻게 알아냈을까

미국은 정확한 실업자 수를 파악하기 위해 어떻게 했을까? 이를 조사하는 방법에는 전수조사全數調査, Complete enumeration와 표본조사標本調査, Sampling Survey가 있다.*

당시 미국 연방 의회는 전수조사 방법을 제안했다. 모든 '실업자가 등록카드에 필요사항을 기입하고 인근 우체국을 통해 의무적으로 우송'하도록 하는 방식이다. 그러나 최신 통계학을 배운 젊은 관료들은 '임의(무작위)로 뽑은 전체 인구의 0.5% 정도를 대상으로 표본조사'를 하자고 했다.

먼저 실행된 방법은 표본조사였다. 이를 통해 실업률 외에 상위 10% 사람들이 전체 소득의 40%를 차지한다는 사실까지 알아내었다. 하지만 결과를 보고받은 80년 전의 어르신들은 '대충 뽑아서 하다니 당치도 않다! 어째서 그게 올바른지 증명하란 말이다!' 하며 전수조사를 지지했다.

---

* 전수조사는 모든 대상을 조사하는 것이므로 당연히 더 정확할 수는 있겠으나 현실적으로 실행하기 어렵고 무엇보다 비용이 많이 든다. 표본조사는 시간과 비용은 절감되지만 표본이 전체 모집단의 특성을 잘 대표해야만 유의미한 결과를 얻어낼 수 있다.

여러분이 그 시대의 실업자였다고 가정해보자. 특별히 무슨 선물을 받는 것도 아닌데 카드에 개인정보를 기입하고 우체국까지 찾아가서 부치는, 아무 이득도 없는 일에 과연 불필요한 수고를 감수하겠는가? 적어도 나는 그렇게 하지 않을 것 같다. 상품권을 준다고 해도 '귀찮으니까' 하고 무시하든가, 심한 경우 그런 일을 해야 하는지조차 모를 것이다.

실제로도 많은 실업자가 조사에 비협조적이었고, 결과는 실업자 수가 너무 낮게 평가된 잘못된 데이터가 얻어졌다. 대다수 실업자가 조사에 참여하기를 꺼려했으므로 '전 실업자 수'가 실제보다 적게 나타나는 것은 당연했다.

한편 젊은 통계학자들이 제안했던 표본조사는 그 후 10년 이상 신중한 검증을 거듭했는데 놀라우리만치 정확한 결과라는 사실이 밝혀졌다. 미국 정부는 그때부터 표본조사 결과를 바탕으로 여러 가지 정책 방침을 논의하고 수립해왔다.

당시 비현실적인 전수조사 때 한 사람도 빠짐없이 카드를 보냈더라도 1000만 명에 달할지도 모르는 등록카드를 집계하는 일은 결코 쉬운 작업이 아니다. 이에 비해 전 인구의 0.5%(대략 60~70만 명)만을 대상으로 조사한 결과를 집계하는 표본조사와 비교했을 때, 어느 쪽이 비용이 덜 들고 신속하게 이루어질지는 누가 보더라도 명백하다.

그 후 미국이 다른 나라에 앞서 발 빠르게 불황에서 벗어난 것이 과연 루스벨트의 뉴딜정책과 젊은 통계학자들의 활약에 의한 것인지는 경제학자들 사이에서 아직껏 의견이 분분하다. 그러나 적어도 뉴딜정책을 통해 대규모 공공공사가 시행되고, 이어서 실업률이 낮아진 것은 그들이 작성한 조사 데이터를 보면 누구나 알 수 있다. 또한 한정된 예산을 들여 실시한 조사로 실제 어느 정도 실업률이 낮아졌는지 평가할 수 있게 된 것 역시 당시의 우수한 통계학자들 덕분이다.

통계학자들은 그 후로도 소비자물가지수나 공업통계조사 같은 한 나라의 거시경제를 파악하는 데 큰 도움을 주었으며 중요 지표를 밝히기 위한 표본조사도 정기적으로 실시했다. 그들의 이런 활약이 없었다면 불황 때마다 하는 경제학자들의 토론은 자료 부족으로 탁상공론이 되어버렸을지도 모른다.

지금도 일부 '현대의 어르신들'은 '표본조사 결과이니 믿지 못하겠다'고 말한다. 아무래도 일본 행정에서 통계 리터러시는 80년 전 미국과 비교해 그다지 발전하지 못한 것 같다. 물론 전수조사보다 표본조사의 정확도가 낮다는 사실을 부인하지는 않는다. 하지만 중요한 것은 그로 인해 어느 정도 정확도가 낮아지며 그리고 그것이 실제 판단이나 행동에 어떤 영향을 미치는가 하는 점이다. 거꾸로 말하면 판단과 행동에 영향을 미치지 않는 수준의 오차는 무의미하며 정확도를 높이기 위해 추가로 들여야 하는 비용은 쓸데없는 낭비이다.

제대로 대처하기 어려울 정도의 데이터가 존재할 때 적절한 표본조사만 이루어지면 적은 비용으로도 충분히 필요한 정보를 얻을 수 있다. 이것은 80년 전이나 지금이나 본질적으로 바뀌지 않은 진리이다. 그런데도 빅데이터에 관심 있는 비즈니스맨들은 이따금 빅데이터를 '빅'인 채로만 바라보려 하니 문제이다.

07
의미 있는 오차범위와 비용

정확하게 알기 위해서는 반드시 전수조사를 해야 한다는 생각을 가지고 있는 사람들이 아직도 많다. 앞에서 언급한 실업률 조사 이야기로 돌아가 보자. 만약 무작위로 뽑힌 전 인구의 0.5%를 조사한 결과 그 100%가 실업자였다고 해도 나머지 99.5% 전원이 실업자가 아니라면 전체 실업률은 불과 0.5%밖에 되지 않는다. 그런데도 왜 표본조사 결과만 놓고 전체가 실업자라는 결론을 내려야 하는가, 하는 점이 '흔히 하는 반론'이다.

정말 이런 상황이 생길 수 있는지 없는지 묻는다면 통계학자의 대답은 '없을 리는 없다'이다. 다만 그렇게 말하고 끝이 아니라 '그런 일이 생길 가능성은 얼마인가'에 대해서도 반드시 대답한다.

실제 실업률이 0.5%이고 전 인구 1억 2000만 명의 0.5%인 60만 명을 조사한 결과, 전체 인원이 우연히 실업자일 확률은 물론 0은 아니다. 1이라는 수를 64조라는 수로 10만 번 이상 나눈 수를 수학에서는 0으로 수렴한다고 하지 '0'이 된다고 말하지는 않기 때문이다. 이것을 여기서 정확히 표현한다면 최소한 100만 개 이상의, 0이 계속 나열된 종이를 마냥 넘겨야 하는 상황이 벌어진다.

다른 예를 생각해보자. 불과 0.5%의 확률, 즉 200번 중 단 한 번밖에 당첨되지 않는 제비를 60만 번 뽑는 동안 단 한 번도 꽝이 되지 않을 확률은 어느 정도일까?

당첨된 제비를 뽑을 때마다 상자로 다시 넣는 방법(통계학 전문 용어로 복원추출이라 한다)은 다시 넣지 않는 방법(비복원추출)과 비교할 때 미세하나마 확률이 높아지지만 그래도 '200분의 1의 60만 제곱'이라는 기적이 필요하다.

참고로 복원추출에서는 60만 번 도전할 때 '200분의 1'이라는 일정한 당첨확률이 줄곧 유지되지만 실제의 실업률 조사는 비복원추출이며 마지막 60만 번째 사람도 실업자일 확률은 나머지 1억 1940만 명 중 한 명이니 그것만으로도 기적에 해당하는 수치이다. 실제로는 이 64조의 10만 제곱분의 1이라는 천문학적인 값조차 아득하게 느껴질 것이다.

이런 설명을 듣고도 진정 기적 같은 일이 벌어질 것을 걱정한다면 너무도 비관적인 사람이다. '거대한 운석이 지금 이 순간 이곳으로 떨어질 위험'이 없는데도 왜 극단적으로 표본조사에 한해 '조사가 올바르지 않을 확률'을 걱정하는 것일까.

물론 0.5% 확률의 당첨제비를 계속 뽑는 것은 비현실적인 예라 생각할 수 있지만 당첨 확률이 99%라고 해도 60만 번 계속 당첨되기란 거의 불가능에 가깝다. 600번 계속 당첨될 확률조차 0.24% 정도에 불과하고 60만 번이라면 그것의 1000제곱이라는 기적적인 확률이 된다.

계산 과정을 간단히 보여주기 위해 '조사한 대상이 전원 당첨될 확률'의 예를 들었지만 설령 그렇지 않더라도 10만 명이나 조사하면 참값*과 조사 결과로 나타난 값 사이에 고작 1%의 괴리가 생길 확률조차 기적적인 수치다.

실제로 오차는 직접적으로 계산하지 않고 〈도표 7〉의 식처럼 표시한다.

식의 전체 인원수에는 국민 전체 인구인 1억 2000만 명의 숫자를 대입하고 참비율에는 '참 실업률' 값을 대입한다. 물론 실제로는 이 값을 모르지만 표본조사를 통해 얻어진 실업률 값을 대

도표 7 표준오차 산출식

$$\text{표준오차} = \sqrt{\frac{\text{전체 인원수} - \text{표본 인원수}}{\text{전체 인원수} - 1} \times \frac{\text{참 비율}\left(1 - \text{참 비율}\right)}{\text{표본 인원수}}}$$

* 실제의 값을 말한다. 재어서 얻은 값은 측정값이라 하는데 측정값과 참값의 차가 오차이다.

입해도 거의 다르지 않다. 석연치 않은 부분이 있다면 '표준오차'는 참비율이 50%일 때 최대화되므로 시험 삼아 그 값을 넣어도 무방하다. '가능한 최대의 표준오차'를 염두에 둔다는 점에서 신중한 방법이라 할 수도 있다.

참고로 왜 비율이 50%일 때 표준오차가 최대화되는가 하면 0.5 × (1-0.5)가 0.6 × (1-0.6)이나 0.3 × (1-0.3)보다 크다는 점을 생각하면 이해할 수 있으리라 본다.

여기서 말하는 표준오차란 표본에서 얻어진 비율(예를 들면 실업률)에 대해 표준오차의 두 배를 뺀 값에서 표준오차의 두 배를 더한 값까지의 범위에 참값이 포함될 신뢰성이 약 95%라는 값을 말한다.

즉 표본조사의 실업률이 25%라는 조사 결과가 얻어지고 표준오차가 0.5%라면 전수조사를 통해 얻어지는 참 실업률도 24%~26% 사이에 있다고 생각하면 거의 틀림없다. 통계학자들은 이 같은 내용을 80년 이상 전에 증명했다.

표본을 1만 명으로 늘려도 표준오차는 0.1%밖에 변하지 않는다

수식을 불편해하는 사람을 위해 실제로 어느 정도 표준오차가 바뀌는지 그 결과를 다른 방법으로 살펴보자.

10만 명의 고객 데이터로부터 남녀별 비율을 조사한 결과 고객 중 여성이 70%라 가정해보자. 〈도표 8〉의 그래프는 몇 사람을 표본조사하면 표준오차가 어느 정도 되는지 조사한 결과이다.

도표 8 표본 수에 따른 표준오차의 변화

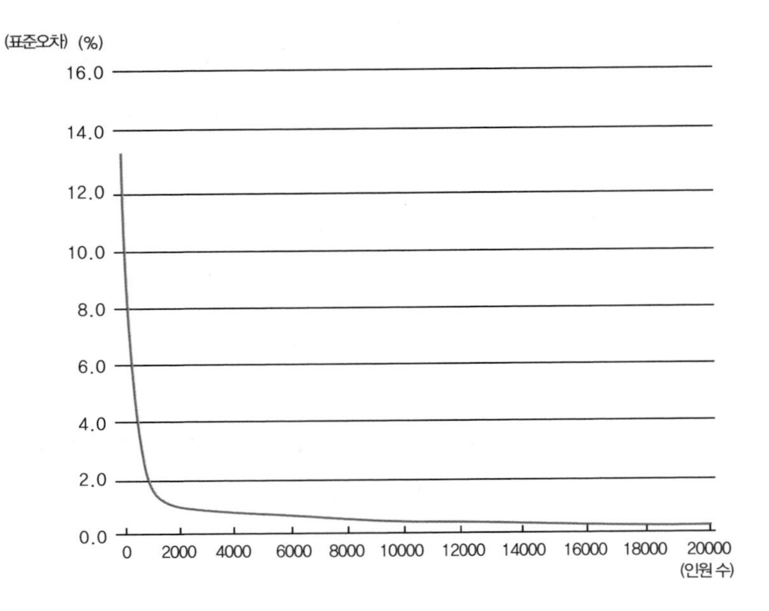

표본 수가 100명뿐이면 표준오차는 4.6%나 되어 '고객 중 여성이 차지하는 비율이 70%'라는 결과가 얻어져도 실제로는 '여성 비율이 61~79%라 생각해도 무방하다'는 해석이 가능해진다. 그러나 1000명 있으면 표준오차는 1.4%가 되어 '여성 비율이 67~73%라 생각해도 무방하다', 그리고 8000명을 넘어 표준오차가 0.5%가 되면 '여성 비율이 69~71%라 생각해도 무방하다'는 결과가 나온다.

그러나 표본 수를 계속 늘려도 오차는 그다지 적어지지 않는다(참고로 1만 명일 때 표준오차는 0.4%이고 2만 명이라 해도 0.3%에 그친다).

이 결과와 고가의 데이터 처리 서버에 투자해 얻어진 '여성 비율이 정확히 70%입니다' 하는 결과와 비교할 때, 과연 어디에 돈을 쓰는 게 올바른 판단일까.

8000명의 고객 데이터를 임의로 추출해 단지 출력만 한다면 데이터베이스 관리자가 잠깐만 작업해도 얼른 해낼 수 있으며, 8000명의 데이터 집계표를 엑셀에 입력하는 정도의 일이라면 아르바이트 학생을 시켜도 된다. 데이터베이스 관리자의 초과 근무 수당과 학생의 아르바이트 비용을 합친들 단지 몇만 엔으로 끝난다. 그런데 불과 1% 정도의 정확도를 개선하기 위해 과연 수 천만 엔이나 투자할 가치가 있을까?

대답이 '예스'라면 그 회사는 빅데이터 기술에 투자를 아낄 필요가 없다. 그러나 '노'라면 수 천만 엔의 투자금액을 쓰레기통에 버리는 일을 할 필요가 없다.

빅데이터가 무의미하다는 이야기가 아니다. '우선은 올바른 판단에 필요한 최소의 데이터를 다룰 것'을 추천하는 것이다. 만약 1%의 오차가 앞으로 수년 동안 차곡차곡 쌓여 수천만 엔이나 되는 매출 혹은 비용으로 이어진다면 빅데이터 해석 기술은 분명 도움이 된다. 하지만 그럴 경우에도 처음부터 모든 해석을 꼭 전체 데이터로 할 필요는 없다.

데이터 분석 과정은 종종 탐색적인 작업을 필요로 한다. 본래의 데이터가 복잡할수록 실제로 작업을 해보면 분명 이치에 어긋나는 결과가 나오기도 한다. 숙련된 통계 전문가라도 만약을 위해 다른 해석기법을 시도해본다거나 사용한 데이터 자체에 무슨 문제가 있는 것은 아닌지 확인하는 등 수정의 필요성이 생기는 일은 피해갈 수 없다. 아니, 오히려 숙련된 통계 전문가일수록 잘못을 미연에 방지하기 위해 이런 작업을 여러 번 하게 된다.

결과를 보면서 여러 가지 기법이나 데이터의 단면을 탐색적으로 해석할 때는 특히 '트라이try & 에러error'의 횟수가 중요하다. 그러므로 최종적으로는 모든 데이터를 분석하고 검증할 필요가 있더라도 우선은 적절한 크기의 표본 데이터를 이용해 탐색적 해석을 통해 가설을 유추해내는 편이 낫다.

필요한 가설을 찾기 위해 적절한 크기의 표본 데이터를 사용하는 데도 그 나름의 전문적인 통계학 지식이 필요하다. 그러나 우선 데이터의 개관만 파악하기 위한 일이라면 수 천~1만 건 정도만 추출해도 상관없으며 그것은 고작 엑셀만 다룰 줄 아는 사람이라도 충분히 할 수 있는 일이다.

물론 막대한 데이터에서 고속으로 일정 조건의 임의 표본 추출을 하고 최종적인 해석 결과의 옳고 그름을 검증할 때 빅데이터 기술은 제 역할을 충분히 해낸다. 하지만 과연 그 속도와 정확도에 어느 정도의 가치가 있는가? 이런 질문을 받으면 해석 결과로부터 어느 정도의 가치를 얻을지에 따라 달라진다는 대답밖에는 할 수 없다. 해석은 그 자체에 가치가 있는 것이 아니라 활용을 통해 할 수 있는 일이 무엇이고 어떤 가치를 얻는지에 따라 달라지기 때문이다.

제3장

오차와 인과관계가 통계학의 핵심이다

08
나이팅게일식 통계의 한계

앞에서 마지막으로 데이터를 분석할 때는 '과연 그 해석은 투입 비용 이상의 이익을 가져다주는가?' 하는 점이 중요하다고 했다.

고객의 성별과 연령대별 · 주거 지역별 구매금액을 알았다느니, 설문조사 결과 '매우 그렇게 생각한다'고 응답한 사람이 몇 퍼센트라며 데이터 집계만을 놓고 이를 '해석 결과'라고 하는 사람들이 종종 있다. 컨설턴트나 마케터라 일컬어지는 사람들조차도 적당히 조사한 설문 결과를 그래프로 만들어놓고 만족스럽게 생각하는 경우가 적지 않다. 그런 사람들을 보면 마치 그래프 그리는 일만을 보람으로 여기는 게 아닌가 하는 생각마저 든다.

하지만 그런 결과에 '뭔지 몰라도 현 상황을 파악한 느낌이 든다'는 이상의 또 다른 의미가 담겨 있을까? 그 결과를 보고받은 여러분의 상사나 클라이언트는 '아~'라는 말 이외 달리 할 수 있는 반응이 있을까?

'아~' 이상의 반응을 보인다면 '비즈니스에 구체적으로 적용하겠다'는 의미로 받아들여도 무방하다. 구체적인 행동을 이끌어내려면 적어도 다음 '세 가지 질문'에 답할 수 있어야 한다.

[질문 1] 어떤 요인을 변화시켜야 이익이 향상될까?

[질문 2] 그런 변화를 일으키는 행동이 실제로 가능한가?

[질문 3] 그에 따르는 비용이 이익을 상회할까?

위 세 질문에 대답할 수 있을 때 비로소 '실행해서 이익을 향상시키자'라는 계획을 할 수 있다. 그렇지 않다면 일부러 새로운 행동을 할 의미가 없다. 예를 들어 뛰어난 컨설턴트 혹은 마케터가 '브랜딩 조사' 결과를 멋진 그래프(도표 9)로 제시했다고 치자. 과연 위 '세 가지 질문'에 대답할 수 있을까?

자사 브랜드에 호감이 있든 말든 비즈니스에서 중요한 것은 '브랜드 호감도가 높은 사람일수록 구매력이 클까?' 하는 점이다. 반대로 비호감이라 여기든 말든 장기적으로 구매를 해주면 그것을 특별히 문제라 생각할 필요는 없다. 미움 받는 아이로서 당당히 세상에 나설 수도 있다는 경영적인 판단을 해도 상관없지 않은가.

그러나 '실제로 어떤 행동(예를 들면 캠페인 등)을 통해 호감도를

도표 9 **아무것도 알려주지 않는 그래프**

여러분은 ○○ 브랜드를 어떻게 생각합니까?

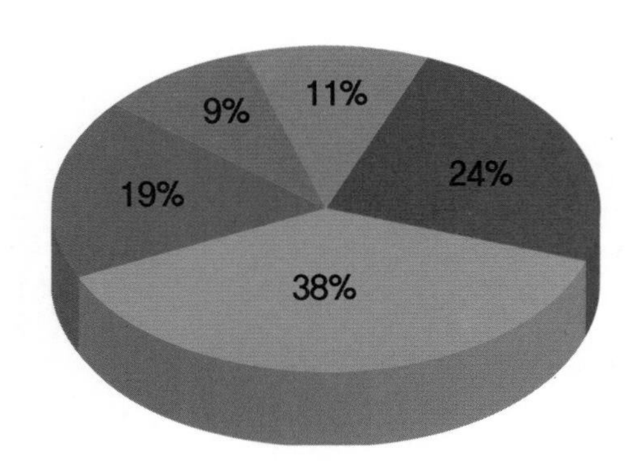

■ 매우 호감이 간다 / ■ 호감이 간다
■ 뭐라 말할 수 없다 / ■ 호감이 안 간다
■ 매우 호감이 안 간다

높일 수 있는가?' 하는 점과 '그런 행동에 따르는 비용을 얼마만큼 들일 때 어느 정도의 이익을 가져다주는가?' 하는 점을 생각할 필요는 있다. 어떤 방법으로든 브랜드 호감도가 높아지지 않으면 그저 잠자코 미움을 받는 수밖에 없으며 호감도에 의해 매출이 올랐다고 해도 비용이 많이 들어 적자가 된다면 역시 조용히 미움을 받고 있는 편이 낫다. 그러나 이 그래프는 어느 질문도 대답해주지 않는다.

여러분의 회사에 축적돼 있는 고객 관련 '빅데이터'로부터 〈도표 10〉과 같은 그래프가 얻어졌다면 어떻겠는가?

도표 10 빅데이터를 바탕으로 작성한 그래프도 그 내용은 빈약

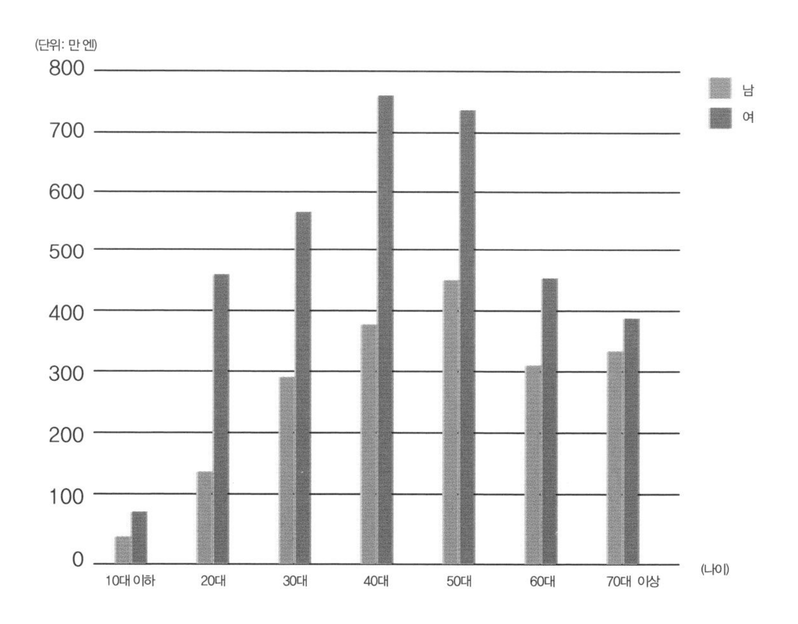

매출을 알 수 있으니 다소 나아졌지만 유감스럽게도 우리는 그래프에 표시된 고객의 성별을 바꾸거나 연령을 갑자기 늘이고 줄이는 마법을 부릴 수는 없다. 할 수 있는 것은 비교적 매출이 높은 성별과 연령대별 고객층을 겨냥해 캠페인을 벌이는 정도가 고작이다. 그렇더라도 다음 질문의 대답이 되기에는 너무 빈약한 정보이다.

[질문 2] 그런 변화를 일으키는 행동이 실제로 가능한가?

[질문 3] 그에 따르는 비용이 이익을 상회할까?

여러분이 하려는 혹은 누군가에게 의뢰하려는 분석이 질문 1~3에 대답할 수 없다면 정확도가 어떻고 속도가 어떻다고 말할 필요조차 없이 쓸데없는 일만 벌인 셈이다. 그래서 사람들은 '결국 데이터 분석 따위는 비즈니스에 별 도움이 되지 않는다'는 말을 종종 한다. 물론 나도 위의 예처럼 '아무것도 대답해주지 않는 단순집계는 별다른 도움이 되지 않는다'에는 전적으로 찬성이다.

'집계'만으로 괜찮았던 시대는 19세기 말까지

평균값을 구하고 백분율을 계산하는 방식의 고전적인 '통계'는 19세기 초반부터 세계 각국에서 널리 성행해왔다. 간호사로 유명한 나이팅게일Florence Nightingale,1820~1910도 통계를 활용했다. 나이팅게일은 참전병사의 사인을 집계해본 결과 전투 중 입은 부상 때문에 죽는 병사보다도 부상 후 다른 균에 감염되어 사망하는 병사의 수가 압도적으로 많다는 사실을 밝혀냈다. 그녀는 이 데이터를 바탕으로 '참전병사, 나아가 국민의 생명을 지키고 싶다면 병원을 청결한 상태로 유지하라!'고 고위 간부와 정치가에게 주장했다는데 이 역시 '집계'의 힘을 보여주는 실례이다.

통계학은 나이팅게일 시대에서 100여 년을 거치는 동안 엄청나게 발전했다. 나이팅게일이 집계한 그래프가 사망 원인의 실체를 밝혀낸 것만큼은 분명하다. 하지만 병원을 청결하게 유지하면 정말로 사망자가 줄지, 또 병원을 깨끗하게 만들기 위해 비용을 얼마만큼 들일 때 어느 정도의 목숨이 구해지는지에 대해서는 앞에서 예로 들었던 그래프와 마찬가지로 아무것도 대답해주지 않는다.

위 질문에 대답하려면 20세기에 발달한 현대 통계학의 기법을 사용해야만 한다.

빅데이터 기술로 전수 데이터를 이용해 단순집계밖에 내지 못하는 것은 최신 기술을 보유하고도 2세기 전 기법만 활용하고 있다는 의미이다. 이는 마치 개집을 만들기 위해 최신 스마트폰을 망치로 쓰려는 것과 무엇이 다르겠는가.

09 인과관계를 생각하지 않는 통계해석은 의미가 없다

앞에서 언급했듯이 통계해석은 다음 세 가지 질문에 모두 대답할 수 있어야 한다.

[질문 1] 어떤 요인을 변화시켜야 이익이 향상될까?

[질문 2] 그런 변화를 일으키는 행동이 실제로 가능한가?

[질문 3] 그에 따르는 비용이 이익을 상회할까?

물론 통계해석 결과의 숫자만으로는 모든 질문에 대답을 할 수 없으며, 데이터로 판단을 내리지 못하는 부분에서는 경험이나 감으로 보완해야 하는 경우도 있다. 그러나 실제 가능하고 투입 비용 대비 충분한 이익을 기대할 수 있는 행동이 무엇인지 모르는 통계해석만 하는 정도라면 처음부터 경험과 감만으로 결정하는 편이 훨씬 낫다.

일례로 한 마케터는 '판매 촉진 캠페인 평가 리포트'라며 〈도표 11〉과 같은 그래프를 제시했다.

이 결과를 바탕으로 그 마케터는 "'보았다, 아마도 본 것 같다'를 합하니 46%로, 약 절반 정도의 높은 인지율을 보이고 있습니다. 축하합니다! 캠페인은 성공했습니다!"라고 주장했다고 한다. 그런데도 주변에서는 그 캠페인을 아는 사람이 거의 없었다.

축하할 일은 캠페인의 성과가 아니라 그 사람의 통계 리터러시 쪽이다. 너무 자기중심적인 해석이어서 어디서부터 지적해야

도표 11 '그래서 뭐?' 캠페인 평가 그래프

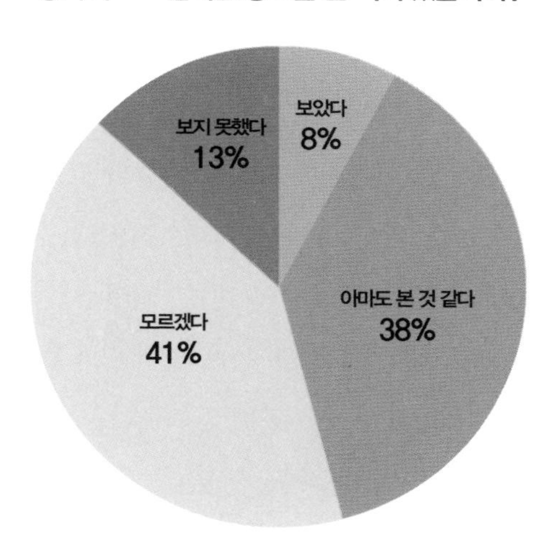

할지 곤란하지만 가장 큰 문제는 캠페인 대상 상품을 시장에 출하한 뒤 구매자만을 대상으로 실시한 설문조사 결과를 데이터의 근거로 삼았다는 데 있다. 인터넷 통신판매이든 실제 점포에 가든, 상품 구매자의 대부분은 캠페인 광고가 실린 배너나 포스터, 전단 등을 비구매자보다는 훨씬 더 접하기 쉬운 환경에 놓여 있다. 이렇게 편의된 상태에서 얻어진 데이터에 근거해 캠페인 인지율이 높다고 말하니 '그래서 뭐?'가 아니고 무엇이란 말인가.

캠페인 인지율을 일본 전체의 임의 표본에서 정확히 측정했더라도 '그래서 뭐?'의 영역을 벗어나지는 못한다. 캠페인 내용을 아무리 많은 사람이 알고 있어도 실제로 구매행동으로 이어지지 않으면 별다른 의미가 없다.

이것은 비단 인지율에만 국한되는 문제가 아니다. 대다수 사람들은 '연 시청자 수', '캠페인 사이트의 접속자 수', '호감도' 등 각종 프로모션 평가에 이용되는 지표가 실제로 매출을 일으키는지 어떤지도 잘 모르면서 수치에만 집착하는 경향이 있다.

여러분조차 '광고를 자주 보는 것 같고 광고 자체도 좋아하지만 그 상품을 사고 싶은 마음이 들지는 않는다'고 하는 경우가 당연히 있을 것이다. 나 역시 아사히 슈퍼드라이 맥주 광고를 자주 보고 그 내용도 좋다고 생각하지만 주로 기린 사의 맥주를 마신다. 그런데도 마케터들은 조사를 통해 집계된 내용만을 '분석결과'로 내어놓고 프레젠테이션을 한다.

극단적인 예로 〈도표 12〉를 들 수 있다. 응답결과를 두고 종종

도표 12 이런 결과가 나올 가능성도 있다

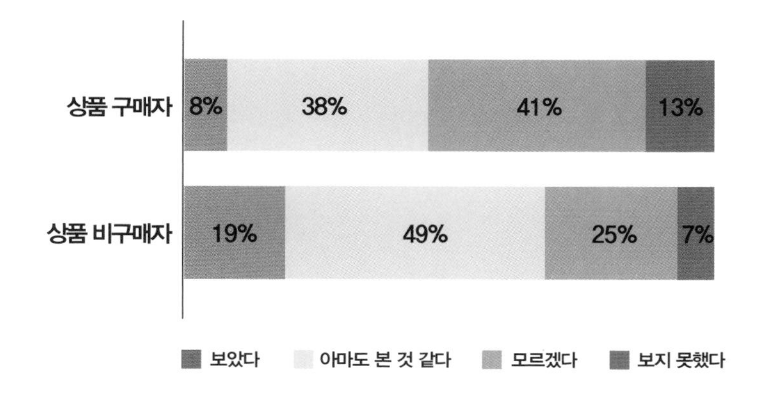

마케터들이 간과하는 사실이다.

상품 구매자의 경우는 앞에서 든 예와 완전히 같은 값이다. 그런데 비구매자 쪽을 보면 68%, 즉 70% 정도가 광고를 보았다고 대답했다. 이 결과를 보면 '오히려 광고를 본 사람이 상품을 사지 않는다'라는 해석도 가능하다.

그렇다면 광고에 뭔가 치명적인 결함이 있어서 구매의욕을 떨어뜨리는 것은 아닐지를 포함시켜 재검토해야만 한다.

사망, 범죄, 폭동의 주범이 밥?

적절한 비교를 거치지 않은 단순집계가 얼마나 문제인지 알기 쉬운 사례를 들어 설명해보겠다.

다음 음식을 금지해야 마땅한지 생각해보자.

- 심근경색으로 사망한 일본인의 95% 이상이 이 음식을 먹었다.
- 강도 · 살인범의 70% 이상이 범행 전 24시간 내 이 음식을 먹었다.
- 일본인에게 섭취를 금지하면 정신적 스트레스를 조장한다.
- 에도시대 이후 일본에서 발생한 폭동의 대부분은 이 음식이 원인이다.

이 음식은 다름 아닌 밥이다. 환자든 범죄자든 거의 모든 일본인의 주식은 밥으로, 밥을 못 먹게 하면 안절부절못하고 불안증상을 보이기도 한다.

이렇게 한쪽의 단순집계만을 보면 '쌀밥 먹는 것을 금지해야 한다' 같은 어처구니없는 결론이 내려질 위험도 있다. 이런 '통계 해석'만 접했다면 '통계학 따위로 할 수 있는 일은 전혀 없다'는 생각을 가질 수도 있다.

마케팅 영역뿐 아니라 세상에는 이런 무의미한 '분석'이 부지기수로 많다. 해외의 일류 비즈니스 스쿨에서 널리 읽히는 전문서에조차 이처럼 무의미한 해석과 근거로 '그 캠페인이 성공했다'고 주장하는 사례가 실려 있기도 하다.

하지만 '충분한 데이터'를 바탕으로 '적절한 비교'를 하는 통계적 인과추론의 기초만 몸에 배어 있으면 경험이나 감을 뛰어넘어 비즈니스를 단숨에 한 단계 업그레이드시키는 비결을 손쉽게 찾아낼 수 있다.

10
'60억 엔을 버는 비결'이 담긴 리포트

세상에는 자사 상품을 사는 사람과 왠지는 몰라도 그렇지 않은 사람이 있다. 이 '왠지는 몰라도'의 차이를 확실히 밝혀내면 당연히 사는 사람을 늘리는 방법도 찾아진다.

지금까지 생각지도 못했던 그 '차이를 밝히는 방법'을 이 책에서는 '비결'이라고 표현하겠다. 예를 들면 특정 광고를 보고 안 보고에 따라 자사 상품 구매율이 놀랍게도 10%나 차이를 보인다면 그 광고를 대대적으로 전개하면 매출을 크게 증가시킬 수 있다. 친구에게 소개받은 경험이 있고 없고가 매출에 영향을 미친다면 기존 고객을 대상으로 친구 소개 캠페인을 벌이면 된다.

이는 비즈니스 관련자라면 누구나 생각할 수 있다. 그러나 대다수 사람들은 그 눈여겨봐야 할 '차이'를 데이터나 통계해석에서가 아니라 '경험과 감' 같은 것에서 찾으려 한다. 그래서 너나 할 것 없이 '내 경험에 비춰보면 고객들은 대체로 친구 소개를 받고 최초로 상품을 구입한다' 같은 식으로 판단하고 그것을 마케팅 전략에 반영한다.

그러나 경험이 꼭 맞아떨어지지는 않는다. '머피의 법칙'을 예로 들어보자. 다음과 같은 말을 들으면 많은 사람이 '그래그래' 하며 고개를 끄덕일 것이다.

- 소나기가 내려 우산을 사면 대부분 바로 날이 갠다.
- 토스트를 떨어뜨리면 언제나 버터를 바른 쪽이 바닥에 닿는다.
- 어쩌다 지각할 가능성이 있을 때만 전철이 제시간에 오지 않는다.

'그래그래'의 대부분이 '기억의 편의' 때문이라는 사실이 심리학자 혹은 인지과학자들에 의해 이미 실증되었다. 조금만 더 깊이 생각하면 진실을 깨달을 수 있다. 사람의 뇌에 소나기가 내려 우산을 샀는데 '아무 일 없이 우산을 쓰고 귀가한 기억'과 '그 직후에 날이 개서 돈을 아까워한 기억' 중 어느 쪽이 더 강하게 박히겠는가? 고작 몇 차례에 지나지 않은 편의된 경험을 과잉해 일반화하기 쉽다. 사람은 누구나 한번 선입견을 가지면 모든 일을 자기 형편에 맞게 해석하는 경향이 있다.

통계학은 그런 인간의 결함을 보완해준다. 경험과 감이 아니라 확실한 데이터를 바탕으로 비교했을 때 이익을 좌우하는 차이를 알 수 있다.

DM 발송 방법을 바꿔 매출을 60억 엔 상승시키다

어느 기업의 고객 관련 데이터를 집계 분석한 결과 구매에서 차이를 보인 가장 큰 요인은 '제품 DM을 받았는지 여부'였다.(도표 13)

나는 지금부터 되도록 직접 경험한 사례로 설명할 생각이다. 다만 비밀보호의무도 있으니 업체명, 업종, 매출 등은 통계학의 이해 범주를 벗어나지 않는 범위에서 적당한 수치를 제시할 생각이다.

도표 13 어떤 소매업체의 분석 결과

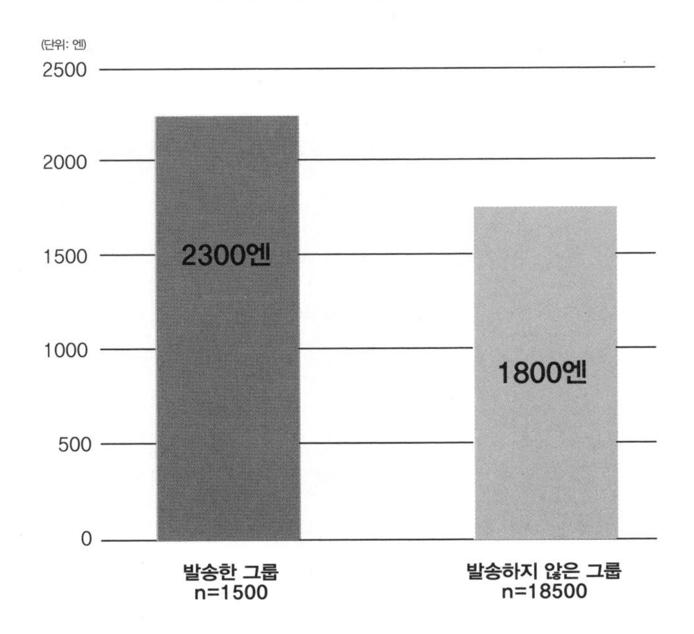

A사는 1000만 명 이상의 고객을 대상으로 1000억 엔 이상의 연매출을 올리는 기업으로 회원으로 등록된 고객 100만 명의 구매 이력과 개인정보를 담은 데이터를 서비스 개선 차원에서 활용하고 있다. 또 판촉활동의 일환으로 임의로 뽑은 일부 회원에게 연간 네 번에 걸쳐 사은품을 곁들여 총 30만 통의 DM을 발송했다(발송 이력 데이터도 있다). DM 발송비는 한 통당 100엔이므로 연간 3000만 엔 정도의 비용이 든다.

효과를 알아보기 위해 임의 표본집단 2만 명을 대상으로 3개월 단위로 나눠 분석했더니 1500명(2만 명의 7.5%)에게는 DM을 발송했고, 1만 8500명(2만 명의 92.5%, 되풀이하지만 이 수치는 가공된 것으로 실제 결과는 이처럼 꼭 맞아떨어지지는 않는다)에게는 DM을 발송하지 않았다. 그런데 DM이 발송된 그룹의 평균 구매액은 2300엔이며 발송되지 않은 그룹의 평균 구매액은 1800엔이었다.

결론적으로 DM을 발송하면 3개월당 500엔의 매출증가가 예상된다. DM의 발송 유무가 매출에 이 정도로 영향을 미친다면 DM을 표본집단 전 회원에게 발송하면 어떨까?

현 시점에서 통계해석에 사용한 2만 명의 3개월 동안 지출액은 다음과 같다.

2300엔 × 1500명 + 1800엔 × 18500명 = 3675만 엔

연간 매출액은 네 배인 1억 4700만 엔이다. 이제 미발송그룹을

포함한 표본집단 전원에게 DM을 발송하면 다음과 같다.

2300엔 × 2만 명 = 4600만 엔

추가 DM 발송비(1통당 100엔×18500명)를 빼도 4415만 엔이나 되고 연간으로 계산하면 그 네 배, 즉 1억 7660만 엔이다. DM을 적극적으로 보냈을 뿐인데 매출이 약 1.2배나 오를 가능성이 있다는 데이터 분석 결과가 나왔다.

이를 등록된 회원 모두에게 적용시킨다면 어떻게 될까? 가령 총매출의 약 10%를 차지하는 100만 명 회원의 매출이, 전원에게 DM을 발송하는 단순한 방법으로 1.2배가 증가되니 회사 전체의 매출은 2%에 불과한 수치라고는 하지만 그래도 증가한다. 1000억 엔 매출의 2%이니 20억 엔 정도가 느는 것이다.

참고로 내가 실제로 작성한 기업 제출용 리포트에는 단순히 'DM 발송을 늘리면 매출이 증가한다'는 식의 내용만 담겨 있지 않았다. 'DM을 발송함으로써 매출을 올릴 수 있는 고객과 그렇지 못하는 고객의 차이' 혹은 '고객의 매출을 유도하는 DM과 그렇지 못하는 DM의 차이'를 구체적으로 설명하고 구별 법칙을 분명히 밝혔다.

그 법칙에 따라 DM을 발송하면 DM 발송량 자체에는 거의 변화가 없어도 총매출이 6% 정도 증가가 예상되므로 앞서 말한 그대로 표현한다면 '고작(?) 60억 엔 정도의 돈을 버는 리포트'라 할 수 있을지도 모른다.

위의 사례 말고도 DM 발송을 통해 매출 증대를 꾀한 회사는 여럿 있고, 'DM을 발송함으로써 좋은 반응을 보인 고객의 특징'에 대한 분석까지 마친 고객사도 적지 않다. 실제 데이터의 총체적인 비교를 통해 개략적으로만 알고 있더라도 구체적인 이익과 직결되는 수치가 뒷받침되면 '지금 최우선으로 해야 할 일은 무엇인가' 하는 전략목표가 명확해진다.

그러나 이것이 통계학의 힘이냐 하면 그렇지는 않다. 물론 이런 요인 비교를 위한 집계(전문용어로는 교차 분할표*라 한다)도 통계학의 중요한 도구이지만 이것만으로는 아직 단순한 계산에 그친다.

그렇다면 어떻게 해야 의미 있는 차이를 분명히 밝혀낼 수 있을까?

---

* cross tabulation, 2개의 변수가 몇 개의 카테고리로 분류되는 경우의 빈도표를 작성하는 것을 말한다.

11
오바마가 선거에서 승리한 이유

앞에서 단순한 교차 분할표 분석으로 매출을 증가시키는 요인을 명확히 하고 또 매출이 얼마나 늘었는지도 계산했지만, 이것은 어디까지나 독장수셈일 따름이다. '오차'를 전혀 고려하고 있지 않기 때문이다.

피셔 시대의 통계학과 이전 통계학의 가장 큰 차이는 오차를 어떻게 바라보는가 하는 데 있다. 피셔 시대에 이르러서야 통계학자들이 데이터에 어느 정도 오차가 있으며, 그 오차는 진정 알고 싶어 하는 값에 어느 정도 영향력을 가지고, 오차를 고려한 상태에서도 의미 있는 결과로 인정할 수 있는지 밝혀냈다. 이것이야말로 피셔 시대 통계학자들이 남긴 커다란 공적이다.

앞에서 예로 든 'DM 발송그룹과 미발송그룹의 매출 차이'는 주의 깊게 봐야 할 값이다. 단순 추정으로는 500엔 차이로 나타났지만 이 값에는 오차가 포함되어 있다. 다시 검토를 거듭하면 그 차이는 300엔 혹은 1000엔이 될 수도 있으며 반대로 DM 미발송 그룹의 매출이 높아지거나 같아질 가능성마저 있다.

최악의 경우 DM 발송그룹과 미발송그룹 사이에 매출 차이 따위는 전혀 존재하지 않는 상황이 발생할 수도 있다. 우연히 생긴 오차 때문에 그 경우에 한해 DM 발송그룹의 평균매출이 높아졌을 수 있기 때문이다. 또는 차이가 있더라도 DM 한 통 비용도 되지 않는 경우도 있다. 이때 판단착오로 'DM을 적극적으로 보낸다'는 전략을 취하면 그만큼 손해를 입고 만다.

이렇게 오차를 생각하지 않는 독장수셈도 비즈니스 현장에서는 종종 나타난다. 예전에 통계학 강사로 일하던 EC 기업에서는 'A/B 테스트'를 적극적으로 활용했다. 배너 크기, 화면 전환 방식, 글자체나 크기 등 세세한 디자인과 기능을 실제로 변경해놓은 상태에서 어느 쪽이 더 좋은지 검토하는 것이다.

A/B 테스트를 위한 도구나 서비스는 최근 실리콘밸리에서도 관심을 불러일으키고 있는 듯, 이 분야에서 앞서가던 옴니추어 Omniture 사를 아도비 사가 거액을 투자해 매수했다. 또 구글 출신으로 오바마 대통령의 선거참모이기도 했던 28세 청년 댄 시로커의 옵티마이즐리Optimizely라는 회사가 새로이 두각을 나타내고 있다. 오바마 캠프에서도 이 테스팅 방법은 중요하게 쓰였다. 버락 오바마닷컴을 방문한 유권자를 대상으로 어떤 그림이나 메시지를 노출하느냐에 따라 선호도가 어떻게 달라지는지 측정해 유권자를

타겟팅(목표)별로 나눠 새로운 선거 전략을 짰고 이는 결과적으로 오바마를 재당선시켰다.

대부분의 경우 사용자가 접속했을 때 임의로 A패턴과 B패턴 사이트가 열리고 일정 기간 수집된 접속기록을 바탕으로 둘을 비교하게 된다(일주일 등의 정해진 기간별로 바꾸기도 한다).

비교 대상은 대체로 배너 클릭률이나 매출, 그리고 유료회원 가입률처럼 이익과 직결되는 수치들이며 이를 통해 A패턴과 B패턴 중 어느 쪽이 나은지 판단하고 채택된 것을 사이트에 정식으로 띄운다(참고로 동시에 세 패턴 이상을 시험하더라도 'A/B/C 테스트'라 부르지 않고 마찬가지로 A/B 테스트라고 한다). 하지만 통계학에서는 이런 식의 데이터 선별법을 A/B 테스트라고 하지 않고 임의화 비교실험이라 부른다(A패턴과 B패턴의 조건을 바꿀 때 임의의 방식이 아닌 실험은 준실험이라 부른다).

'0.1%'의 차이가 가져온 결과

다소 이야기가 벗어났지만 아무튼 그 EC 기업은 월례행사처럼 A/B 테스트를 했다. 소수점 아래 구매율 차이라도 연간으로 따지면 억 단위 매출로 이어지기 때문에 전담 팀을 편성해 실행한 것이다. 구매율이 높아지는 개선안을 낸 직원은 정례회의 중 칭찬까지 받았다.

데이터를 경영에 활용하는 그들의 자세는 좋다. 그러나 여기

도표 14 **EC 기업의 A/B 테스트 결과**

	상품 구매	상품 비구매	합계
A (기존 디자인)	9500명 (9.5%)	90500명 (90.5%)	10만 명
B (새 디자인)	9600명 (9.6%)	90400명 (90.4%)	10만 명

서 함정은 그들이 오차를 감안하지 않았다는 점이다.

내가 강사로 참가한 공부 모임이 끝난 뒤 그 팀의 여성이 '이 A/B 테스트 결과도 해석이 가능한가요?' 하며 〈도표 14〉와 같은 결과를 들이밀었다(실제 데이터와는 다르다).

기존의 A패턴과 개선된 B패턴의 사이트 방문자 10만 명의 접속기록을 분석한 결과 기존 패턴에서는 구매율이 9.5%였는데 디자인을 개선한 B패턴의 경우 9.6%로 소폭 올랐다고 한다.

앞의 방식으로 측정하면 새로운 디자인을 적용했을 뿐인데 매출이 약 1.01배(=9.6% ÷ 9.5%) 올라갈 가능성이 엿보였다. 현재 매출이 10억 엔이라면 약 1000만 엔, 100억 엔이라면 약 1억 엔의 매출 증가가 예상되는 셈이다. 게다가 무슨 특별한 투자를 한 것이 아니라 단지 사이트의 디자인만 바꿨을 뿐이다.

하지만 유감스럽게도 이 차이가 의미가 있는지 아니면 오차인지 현재로서는 아직 알 수 없다.

통계해석을 더 정밀하게 만든 '카이제곱검정'과 'P-값'의 등장

교차 분할표를 보고 '의미 있는 편의'인지 아니면 '이 정도의 차이는 오차인지'를 확인하는 해석기법으로 '카이제곱검정'*이라는 것이 있다.

그녀가 들이민 A/B 테스트 결과를 가지고 그 자리에서 카이제곱검정을 해보니 '실제로는 아닌데도 데이터 오차로 이 정도(10만 명 중 100명 또는 그 이상) 차이가 생길 확률은 44.7%'라는 결과가 나타났다.

'실제는 아닌데도 오차나 우연에 의해 데이터와 같은 차이(정확히는 그 이상의 극단적인 차이를 포함)가 생길 확률'을 통계학 전문용어로 p- 값이라고 한다. p- 값이 작을 때(5% 이하) 과학자들은 '이 결과는 우연히 얻어졌다고 생각하기 어렵다' 또는 '유의하다'라고 판단한다. 마땅히 5% 이하여야 할 p- 값이 44.7%라는 것은 이것이 실제로 수억 엔이나 되는 매출 증가로 이어질지 알 수 없다는 의미이다.

이는 누군가 동전을 던져서 그냥 앞쪽이 한번 나왔을 뿐인데도 '대단하군! 앞쪽이 계속 나오는 마법의 동전을 찾았어!'라며 기뻐하는 것과 전혀 다를 바 없다.

---

* 1904년 칼 피어슨이 처음으로 사용한 것으로 실제 관찰 빈도와 통계적으로 기대할 수 있는 빈도(기대 빈도) 간의 차이를 카이제곱 분포를 참조해 통계적으로 검증하는 기법.

물론 나는 '이것만으로 의미가 있는 차이인지 어떤지 알 수 없다'는 말만 한 것은 아니다. '0.1%라는 작은 차이라도 깔끔하게 통계학적으로 입증할 수 있도록 표본 수를 늘리라는 것과 엑셀을 이용한 계산법까지 알려주었다. 데이터의 표본 수를 늘릴수록 오차가 적어지는 것은 앞에서 이미 설명했다. 0.1%의 구매율 증가가 매출 증가로 이어진다는 것을 실증하고 싶으면 각 패턴별로 총 100만 명의 데이터가 있으면 된다. 이런 계산도 통계학을 조금만 알면 누구나 할 수 있다. 무턱대고 빅데이터만을 주장할 필요도 없지만 의미있는 해석이 가능한 최소 표본의 수는 알고 있어야 한다.

그녀가 '오늘 배운 것을 부서 전체가 공유하면 경영방침까지 바뀔지 모르겠다'라고 말했는데 내 생각도 다르지 않다. 이 회사는 데이터를 경영에 활용하는 일에 앞장서고는 있지만 진정한 의미의 차이를 판단하기 어려운 단순 A/B 테스트만 고집하는 함정에 빠져 있다.

오차를 이해하고 고려한 상태에서도 의미 있는 결과인지 아닌지 알려면 통계학적인 사고방식을 생활화해야 한다.

s t a t i s t i c s

12
그것은 이익에 직결되는가?

'적절히 비교할 것', '단순집계만 하지 말고 오차와 p-값을 확인할 것', 이 두 가지 통계학 법칙만 알아도 경험과 감을 뛰어넘어 데이터를 바탕에 둔 실질적인 해결방법을 찾기가 쉬워진다.

하지만 이 두 가지를 이해했는데도 정작 실제 분석에 들어가려 할 때 종종 문제가 되는 것이 있다. 그것은 바로 도대체 '적절한 비교란 무엇인가', 즉 '무엇과 무엇을 비교해야 하는가' 하는 점이다.

지금까지 '구매금액'이나 '구매율'같이 매출과 직결되는 지표를 여러 측면으로 비교해야 한다는 이야기를 했다. 하지만 비즈니스에는 비교해야 할 정보가 많다. '데이터를 어떻게 해석해야 하는가'가 통계학의 핵심이라는 사실은 누구나 알고 있다. 그러나 실제 현장에서는 '어떤 데이터를 수집하고 해석할까' 하는 부분이 더 중요하다. 이는 종종 통계 전문가의 센스라는 말로 처리되곤 하는데 좀 더 깊이 생각하면 누구나 이 센스를 자기 것으로 만들 수 있다.

비결은 지극히 간단하다. '지향하는 목적을 달성한 것'과 '그렇지 않은 것'의 차이를 비교하면 된다. 예를 들어 의학이나 공중위생학과 관련된 업무를 하는 사람이라면 '건강하게 오래 사는 사람'과 '일찍 죽은 사람', '병으로 고생하는 사람'을 비교한다. 교육 관련자라면 '학습 성취도가 높은 아이'와 '그렇지 못한 아이'를 비교한다. '행복감이 큰 사람'과 '그렇지 않은 사람'을 비교한 심리학자도 있었다. 나는 J리그의 데이터를 통계해석한 책을 쓴 적이 있는데 거기서 '이긴 시합', '비긴 시합', '진 시합'을 비교해 통계치가 어떻게 관련되어 있는지 밝히기도 했다.

비즈니스맨이라면 무엇을 목적으로 삼아야 할지 명확하다. 바로 '이익을 극대화하는 것'이다.

이익과 직결되는 요소들을 수집해 통계해석한다

어떻게 하면 기업의 이익이 증가하는가? 소비자가 자사의 물건을 더 많이 사주거나 사내에서 생산성을 향상(쓸데없는 비용 줄이기) 시키는 게 제일 큰 부분일 것이다. 이를 위해 각 부서는 개별 목표를 세운다.

바로 이 개별 목표가 이익으로 직결되지 않으면 아무리 열심히 노력해도 돈을 벌기가 어렵다. 예를 들어 인사 부문을 놓고 보면 직원 만족도나 이직률에만 관심을 가지기 쉽지만 만족도가 높은 직원이 실적은 형편없다든가 근속연수가 긴 직원이 급여 대비 생산성이 낮을 수도 있다.

연구자든 실무자든 누구나 축적된 데이터를 보면 '여기서 무슨 해결책이 나오지 않을까?' 하고 생각하게 마련이다. 물론 적절히 해석하면 뭔가 해결책이 나오기도 하겠지만 그로 인해 모두가 이득을 얻는 것은 아니다. 대학이나 연구기관이라면 학문의 자유라는 기치 아래 이익이 생기지 않는 부분에도 연구비를 지출할 수 있다. 하지만 비즈니스맨은 다르다. 비즈니스에서 마땅히 해석해야 할 지표는 직접적인 이익이 생기는가, 혹은 거기에 도달하는 인과관계의 과정이 확실한가 하는 점이다. 관계자 사이에 '이것은 분명 이익으로 이어질 지표이다' 같은 함의가 생긴다면 마땅히 그 지표(매출 등과 마찬가지로)는 비교할 가치가 있다.

본래 회사는 영리 추구를 위해 조직된 단체이므로 여러분의 일 대부분은 이익에 직결되도록 짜여 있다. 더 넓은 시야를 가지고 유연하게 생각하는 습관을 들이면 자신의 업무를 처리하는 과정에서 뜻밖의 해결책이 떠오를 수도 있다.

예를 하나 들어보겠다. 서버 안의 CPU 습도나 메모리 사용 상황 등은 전산기록을 보면 알 수 있다. 그래서 한 회사는 이 점에 착안해 '서버가 다운되는 상황'과 '다운되지 않는 상황'을 비교 검토해 시스템을 관리했다. 그러자 얼마 안 가서 운영비용이 대폭

절약되었다고 한다. 마찬가지로 공장 기계의 작동 상황 기록을 보고 '정상 작동되는 경우'와 '고장이 나는 경우'의 차이를 비교함으로써 비용을 줄였다는 이야기도 들은 적이 있다. 또 실적이 좋은 판매직원과 그렇지 못한 직원들의 각종 데이터를 비교해 매출 증대를 도모하는 데 활용하려는 움직임도 엿보인다.

요즘은 어느 기업의 어느 부서에든 각종 데이터가 산더미처럼 쌓여 있어 새로운 조사를 하는 데 큰 비용이 들지는 않는다. 중요한 것은 '여기서 무슨 해결책이 나오지 않을까?' 하는 막연한 질문이 아니라 그 많은 데이터 중 무엇이 어떤 관계성을 갖고 이익으로 이어지는가, 하는 점이다.

여러분이 지금부터 사내의 데이터를 분석해 경영에 활용하려든다면 우선 부서 간의 장벽을 허물고 '어떤 데이터'가 있는지부터 살피고 모든 정보를 공유했으면 한다. 다음으로 그 모두를 통합해 '어떻게 이익으로 연결시킬까', '무엇이 가장 큰 이익을 끌어낼까' 하는 관점에서 깊이 생각해야 한다. 그러면 무엇을 비교하고 어떤 차이를 구체적으로 규명해야 할지 말끔히 정리된다.

지금 이 순간에도 여러분이 접속하는 하드디스크 안에는 수천만, 아니 수억 엔이나 되는 이익이 숨겨져 있을 것이다.

13
'인과관계의 방향'을 밝혀내어야 한다

지금까지 살펴본 것처럼 '이익과 직결되는 수치들의 비교', 'p-값을 고려한 통계해석'의 과정을 거치면 데이터의 편의가 쉽게 발견되고 그 편의를 적절히 조절하면 효율적으로 이익을 올릴 방법을 찾아내리라고 본다.

하지만 그렇게 통계해석을 한 다음 주의해야 할 것이 '인과관계의 방향'이다. 예를 들어 〈도표 15〉의 그래프를 보고 '광고 효과'를 분석했다고 하자. 이것을 보면 구매자의 광고 인지율이 매우 높다는 사실을 알 수 있다.

상식적으로 보아 광고를 본 사람일수록, 광고 내용을 오래 기억하는 사람일수록 물건을 살 가능성이 높다고 생각한다. 참고로 이런 결과의 p-값, 즉 '사실은 아닌데 오차에 의해 이만큼의 편의가 우연히 생길 확률'은 0.1%를 밑돈다. 그러나 인과관계의 방향

도표 15 보았기 때문에 샀다? 샀기 때문에 기억한다?

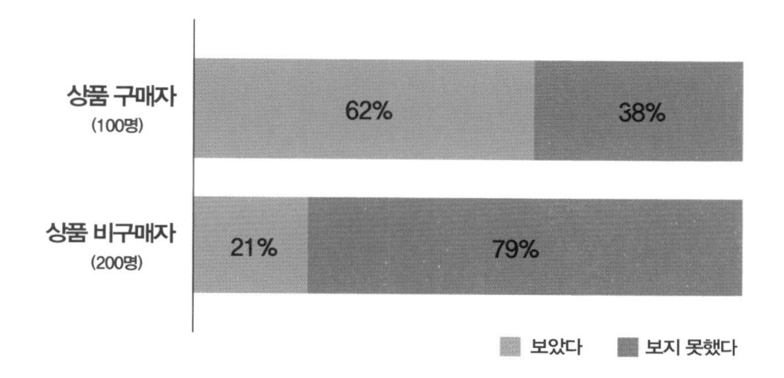

을 생각하면 그 반대의 설명도 가능해진다. 따라서 '광고를 봐서 상품을 구매'한 것인지 '상품을 사서 광고를 그 후에도 기억하고 있는지'는 확실히 규정할 수 없다. 이처럼 한 시점의 조사 데이터의 해석 결과는 p-값이 아무리 적더라도 어느 쪽 가설이 올바른지 완전한 정보를 제공하지 않기 때문이다.

폭력 게임과 소년범죄 간의 인과관계의 불명확성

위와 같은 문제는 종종 사회과학적 조사에서도 나타난다.

한 청소년보호단체는 폭력 게임과 소년범죄 간의 인과관계를 알기 위해 부모를 대상으로 설문조사를 실시했다. 조사 결과를 바탕으로 분석했더니 범죄를 저지른 아이들은 폭력적인 게임을 즐기는 것으로 나타났다.

그러나 이를 근거로 게임을 규제한다고 범죄율이 낮아질지는 아무도 장담할 수 없다. 같은 게임을 즐기는 아이 중 한 아이가 감옥에 갇히는 신세가 되었다면 그 부모는 '그렇게 폭력적인 게임만 하더니……' 하며 그 게임을 좋지 않게 평가할 것이다. 반면 별다른 문제를 일으키지 않은 아이 쪽 부모는 '남자라면 재미삼아 즐길 법한 폭력 게임'으로 인식할지도 모른다.

거꾸로 이런 해석도 가능하다. 폭력 게임은 무조건 못하게 하는 부모의 아이는 범죄율이 더 높아질 수 있다. 유전인지 환경 탓인지 몰라도 똑같은 게임에 사사건건 트집을 잡는 부모가 있는가 하면 그렇지 않은 부모도 있다. 이런 점에서 부모가 어떤 성향의 사람인가에 따라 아이들의 범죄율이 달라질 가능성도 마땅히 고려돼야 한다.

실제로 장시간 폭력 게임을 즐기는 아이일수록 범죄율이 높고 그 사실을 모두가 알지라도 게임을 규제한다고 해서 소년범죄율이 줄어들지 어떨지는 아무도 단언할 수 없다. 게임 따위에 영향을 받지 않더라도 본래 '폭력성'을 갖고 태어난 아이가 있고 그런 아이일수록 폭력적인 게임을 즐기고 또 범죄에도 쉽게 빠져든다는 인과관계의 방향이 진리일 수도 있기 때문이다. 이런 경우 게임을 규제한다고 해서 아이의 폭력성이 제어되지는 않는다.

그렇다면 통계해석은 역시 아무런 도움이 되지 않는 것인가?

대답은 당연히 '아니다'이다. 기존 데이터에서 오차라 부르기도 미미한 어떤 편의를 발견하면 그것은 시사에 넘치는 매우 귀중한 가설이 된다. 소년범죄와 게임시간 관련 데이터든 광고와 구매 관련 데이터든 어떤 영역에서나 마찬가지이다. 이런 유망한 가설을 추출하는 속도와 정확도야말로 현대 통계학의 가장 큰 존재의의이며 이는 지루한 회의석상에서 탁상공론을 일삼는 것보다 유익하다.

이 시점에서 얻어진 가설이 가치가 있는지는 물론 알 수 없다. 하지만 우리는 이제 그 가설이 정말로 올바른지 실제로 검증할 수 있다. 어떤 검증을 해야 얼마만큼 정확하게 가설의 가치가 밝혀지는지 알 수 있는 것도 통계학의 커다란 힘 중 하나이다.

앞에서 언급했듯이 적절한 비교를 통해 의미 있는 차이를 발견함으로써 비결이 얻어진다고 했는데, 한 시점의 데이터만 보고는 인과관계의 방향을 가늠할 수는 없다. 비교하는 집단이 동일한 조건에 놓여 있지 않기 때문이다. 즉 '공정하지 않기 때문'이다.

폭력적인 게임과 소년범죄의 예에서 보듯이 비교대상으로 삼았던 아이의 조건은 절대로 동일하다고 단정할 수 없다. 부모의 성격이나 사고방식 등을 포함한 가정환경이 다를지도 모르며 아이들의 심리적 경향 등도 차이가 있을 수 있다.

두 가지 해결법

통계학은 위 문제에 크게 두 가지 해결법을 가지고 있다.

하나는 부모의 성격과 가정환경, 본인의 심리적 경향 등 '관련 있는 조건'을 가급적 계속 추적 조사하고 통계학적 기법을 이용해 측정된 조건에 한해서 '공정한 비교'를 하는 방법이다. 다른 하나는, 정확한 해석을 위해 본래의 데이터를 어떻게 다룰 것인가의 시점으로 돌아가 조건을 최대한 '공정'하게 갖춰놓는 방법이다.

교육학 분야에서는 종종 일란성 쌍둥이를 모아놓고 유전자 영향이라 판단되는 모든 자료를 구비해놓은 상태에서 실험을 한다. 하지만 그렇게 하지 않아도 '공정한 조건'으로 실험하는 방법이 있다. 피셔에 의해 알려진 역사적 대발견으로 다음 장에서 다루게 될 내용이다.

실험이라면 마치 인간을 모르모트 취급하는 것 같아서 탐탁지 않게 여기는 사람도 있으리라고 본다. 하지만 윤리적으로 최대한 주의를 기울이면서 '진정 올바른 방법'이 무엇인지 통계학적으로 분명히 밝히려는 시도는 경영, 의료, 교육 등 모든 분야를 통틀어 전 세계적으로 행해지고 있다.

적절한 방법으로 실증실험을 할 때 최대한 공정한 비교를 할 수 있다. 의료 분야에서는 새로운 의약품이나 치료법이 적절한 실증실험 없이 인가되는 일은 절대 없다. 현 시점에서 인류가 찾고자 하는 가장 올바른 진실을 밝혀내려면 통계학적으로 타당한 실증실험이 필수이다.

제4장

'임의화'라는 최강의 무기 활용하기

14
우유가 먼저인가, 홍차가 먼저인가?

데이터를 단지 교차 분할표를 작성하고 분석함으로 '인과관계의 방향'을 명확히 알 수 없다고 했다. 폭력적인 게임과 범죄율의 예에서처럼 두 항목이 통계적으로 강한 관련성을 보인다고 해도 전자가 후자의 원인인지 거꾸로 후자가 전자의 원인인지는 알 수 없다. 더욱이 제3요인(예를 들면 열악한 가정환경이나 본인의 폭력성 같은 것)이 그 둘에 영향을 미치는지 여부는 단순 교차 분할표 작성과 p- 값만으로는 밝혀낼 수 없다.

그러나 이것은 어디까지나 단면적인 데이터 혹은 그에 따른 간단한 통계해석만으로는 알 수 없다는 뜻으로 데이터 다루는 법 자체를 궁리하거나 고도의 해석기법을 이용하면 이야기는 완전히 달라진다. 물론 완벽한 수준이라고까지는 못해도 무엇이 원인이고 결과인지, 그리고 그 '원인'을 제어하면 얼마만큼 '결과'를 개선할 수 있는지 상당 부분 명확히 알 수 있다.

그래서 이제부터 한동안은 특히 '데이터를 다루는 법'에 중점을 두고 이야기하겠다. 구체적으로는, 최근 웹사이트에서 자주 검색되고 통계학자가 오랜 세월 사용해온 '임의화 비교실험'이라는 것이 어느 정도 강력한 도구인지 다룰 것이다.

'과학'의 대상을 확대시킨 임의화 비교실험

임의화 비교실험이 강력한 힘을 가졌다고 말하는 가장 큰 이유는 '인간이 제어할 수 있는 그 무엇이라도 인과관계를 분석할 수 있기 때문'이다. 그래서 '초능력자가 존재할까?'를 증명하라는 실험에서 통계학으로 초능력을 실증하지 못한다면 그 이유는 오직 하나뿐이다. 실용 차원의 초능력이 이 세상에 존재하지 않기 때문이다. 점술사나 초능력자라 불리는 오컬트occult 관련 일을 하는 사람 혹은 그런 것을 믿는 (그래서 경우에 따라서는 봉 취급을 당하는) 사람들은 이따금 '이 세상에는 현대 과학으로는 풀지 못할 일이 분명 존재한다'는 주장을 한다.

당치도 않다! 피셔가 거의 혼자 힘으로 만들어낸 이 임의화 비교실험은 과학, 철학의 기존 상식을 뒤집고 실증실험의 영역을 폭발적으로 확대시켰다. 윤리성이나 제어 가능성 따위의 현실적인 제약은 있더라도 '과학으로 다룰 수 없는 것' 따위는 존재하지 않는다.

피셔가 1935년에 쓴 《실험계획법The Design of Experiments》이라는,

세계 최초로 임의화 비교실험을 체계화한 명저에는 밀크티에 정통한 한 부인의 이야기가 등장한다.

1920년대 말 영국, 햇살이 매우 강한 어느 여름 오후, 여러 명의 영국 신사와 부인들이 정원 테이블에서 홍차를 마시고 있을 때의 일이었다. 한 부인이 밀크티를 마시면서 자신은 '홍차를 먼저 넣은 밀크티'인지 '우유를 먼저 넣은 밀크티'인지를 맛으로 구별할 수 있다고 말했다. 얼핏 듣기에는 아무것도 아닌 한 부인의 주장까지도 과학적으로 실증할 수 있다는 것이 임의화 비교실험의 힘이다.

그곳에 있던 대다수 신사들은 부인의 말에 웃고 넘어갔다. 그들이 배운 과학적 지식에 근거할 때 홍차와 우유가 한 번 뒤섞이면 화학적 성질의 차이 따위는 없었다. 하지만 작은 체구에 두꺼운 안경을 걸치고 수염을 길게 기른 한 남자만이 부인의 설명을

도표 16 현대 통계학의 아버지 로널드 A. 피셔

재미있게 여기고 '그렇다면 한번 시험해보고 싶습니다' 하며 제안을 했다. 이 남자가 바로 현대 통계학의 아버지 로널드 A. 피셔이다.

그는 부인이 볼 수 없게 한 상태에서 여러 개의 찻잔에 서로 다른 방법으로 탄 밀크티를 준비했다. 그다음 부인에게 임의로 차를 마시고 답을 적도록 했다. 이것이 세계 최초로 이루어진 임의화 비교실험이었다.

왜 이런 방법으로 부인의 주장을 검증했을까? 질문에 대답하기 전에 만약 임의화 비교실험을 하지 않고 이 부인의 주장을 확인하려든다면 도대체 어떤 문제가 생길지 생각해보자.

예를 들면 부인이 한 잔의 '홍차를 먼저 넣은 밀크티'를 마시고 정확히 맞혔다고 해도 그것만으로는 부인의 주장이 사실로 확인되었다고 볼 수 없다. 맞히든 못 맞히든 아무렇게나 대답해도 확률은 반반이므로 우연히 그 50%의 확률을 단 한 번에 맞힐 수도 있기 때문이다.

그러면 서로 번갈아가며 '홍차가 먼저', '우유가 먼저'를 마셔보게 했는데 부인이 백발백중으로 정확히 맞혔다면 어떨까? 단 한 번의 '실험'보다는 신빙성이 있지만 이것 역시 어떤 상황에서도 알아맞힌다고 인정해주기는 힘들다. '번갈아가며 반복한다'는 법칙성이 존재한다면 (그리고 그것을 부인이 알고 있거나 눈치를 챘으면) 최초의 한 잔을 우연히 알아맞힌 시점에서 두 번째 답은 자동적으로 알아버리기 때문이다.

그렇다면 먼저 다섯 잔 연속 '홍차가 먼저'를 마시게 하고 그 후 다시 다섯 잔 '우유가 먼저'를 마시게 하는 방법도 있다. 이것 역시 최초의 한 잔째를 우연히 알아맞힌 뒤 '몇 번째에서 바꿀까' 생각해가며 어림짐작으로 맞히면 그만일 따름이다. 게다가 전반에 마셨던 '홍차가 먼저'보다도 후반의 '우유가 먼저' 쪽이 아무래도 온기가 식어버리므로 단순히 미지근한 밀크티를 우유가 먼저라고 판단함으로써 우연히 맞힐 확률이 커져버린다.

그렇다면 어떻게 해야 하는가? 두 가지 방식의 밀크티를 임의로 마시게 하고 어느 정도 맞히는지를 검증하면 된다. 이것이 임의화 비교실험의 기본적인 사고방식이다. 밀크티를 임의로 마시게 하므로 보이지 않는 곳에서 밀크티를 만들었을 경우 누구도 순서를 예측할 수 없다.

한 잔의 완벽한 홍차를 타는 법

피셔는 부인에게 실험방법을 어떻게 설명하고 몇 잔의 밀크티로 테스트해야 할지를 상세하게 검토하고, 또 부인의 대답 결과와 '부인의 대답 가운데 우연히 정답이 얻어질 확률'을 계산했다.

피셔 이전의 과학자들도 여러 실험을 하기는 했지만 열 번 시도해서 열 번 확실하게 생길 가능성을 기술하는 일밖에 하지 않았다. 혹은 열 번 해서 불과 한 번밖에 일어나지 않은 현상이라도 그 한 번만을 들어서 마치 실험에 성공한 듯 말하는 사람도 있었다.

어떤 순서로 실험해 열 번 중 몇 번 성공하면 과학적으로 실증되었다고 생각할 수 있는지를 따진 사람은 피셔 이전에는 아무도 없었다. 그리고 피셔가 생각한 '과학적으로 실증하기 위한 순서' 중에서 가장 중요한 부분이 바로 '임의(무작위)'라는 개념이다.

이 책에는 부인의 대답과 최종적인 실험 결과는 적혀 있지 않다. 그러나 그곳에 동석했다는 H. 페어필드 스미스H. Fairfield Smith(그 역시 코네티컷 대학과 펜실베이니아 대학에서 교편을 잡았던 통계학자)에 따르면 부인은 밀크티를 모두 정확하게 맞혔다고 한다. 다시 말해 그녀가 임의로 다섯 잔의 밀크티를 마셨다면 우연히 모두 맞힐 확률은 2의 5제곱분의 1, 즉 32분의 1(약 3.1%), 만약 열 잔을 다 맞혔다면 1024분의 1(약 0.1%)의 확률이다. 이 정도의 확률을 보였다면 어떤 이유인지는 몰라도 그녀에게 밀크티를 식별하는 능력이 있다고 보는 편이 자연스러울 것이다.

여담이지만 부인이 어떻게 밀크티를 식별할 수 있었는지의 대답은 2003년 영국왕립화학협회가 발표한 '한 잔의 완벽한 홍차를 타는 법'이라는, 기지에 넘치는 보도자료 안에 있다.

> 홍차를 넣기 전에 우유를 미리 따라놔야 한다. 우유 단백질은 섭씨 75도가 되면 변성되기 때문이다. 만약 우유를 뜨거운 홍차에 따르면 각각의 우유 알갱이는 우유 결정으로부터 벗어나 확실한 변성이 생기기까지 홍차의 고온에 둘러싸인다. 그러나 뜨거운 홍차를 차가운 우유에 따르면 이 같은 일이 일어나지 않는다.

밀크티 한 잔 마시는데 이렇게 정성을 들이는 것을 보면 참으로 영국인답다는 생각이 든다. 어쨌든 피셔 이외의 다른 신사들이 '따르는 순서야 어떻든 화학적 성질에 차이는 없다'고 단언한 것은 아무래도 잘못된 판단인 것 같다.

오컬트와 야바위를 꿰뚫어보는 법

밀크티의 예에서 보았듯이 이 개념을 응용하면 사기와 야바위 또한 간파할 수 있으리라고 본다.

'운세를 볼 수 있다'고 하는 점쟁이를 사람이 많은 곳으로 불러 안이 보이지 않는 봉투에 당첨복권과 낙첨복권을 넣고 임의로 늘어놓은 다음 당첨복권을 골라내라고 하면 된다. 분명 운세를 볼 수 있다고 했으니 우연이라고는 생각되지 않을 확률로 당첨복권을 척척 골라낼 것이다.

그러나 그런 제안을 한다면 대다수 점쟁이들은 이런저런 이유를 대가며 자리를 박차고 일어날지도 모른다. '그렇게 의심하는 사람이 곁에 있으면 마음이 흐트러져 제대로 점을 칠 수 없다'고 주장할 수도 있는데 그 주장이 옳다면 그것 자체가 문제이다. 의심 많은 반 오컬트주의자가 아예 작정을 하고 그들이 가는 곳마다 따라다니며 괴롭힐 수 있기 때문이다. 그렇게 되면 점쟁이들의 주장이 사실이든 변명이든 '여기 이 점쟁이는 사기꾼입니다'라고 드러내는 격이나 다름없게 된다.

나는 정말 용한 점쟁이가 있는지 없는지를 데이터도 없이 말할 생각은 없다. 그리고 실제로 그런 점쟁이가 있다면 능력을 입증해주었으면 좋겠다는 생각을 갖고 있다. 가끔 '점술은 통계학이다'라고 말하는 사람도 있는데 그것이 사실이라면 최신 통계학은 아마도 점술을 더 정교하게 발전시킬 수 있을 것이다.

점쟁이가 하는 말 따위는 믿을 것이 하나도 없다며 언짢아할 비즈니스맨들이 적지 않겠지만, 문제는 자신도 효과를 잘 모르는 상품을 팔러다니는 세일즈맨도 많다는 것이다. 직원의 자질을 향상시켜준다는 연수, 업무 효율을 끌어올리는 IT 시스템, 매출이 쑥쑥 올라가는 광고 등 다양한 상품을 팔려는 DM과 세일즈맨이 오늘도 여러분 주위를 어슬렁거릴 것이다. 그들 중 일부는 분명 아무 의미도 없는 상품으로 여러분을 봉으로 만들기 위해 애를 쓴다. 물론 자신의 책임 범위 내에서 신념과 직관에 따라 구입 여부를 결정하거나 '효과가 있을 것 같다'는 심리적 만족감에 돈을 지불하는 것은 아무 상관없다. 그러나 예산 규모와 위험 정도 등을 감안해 가급적 실수를 줄여야 하는 경우에는 임의화 비교실험이 큰 힘을 발휘한다.

연수라면 대상자를 임의로 반반씩 나누어 한쪽은 특별연수를 받게 하고 다른 한쪽은 일반 업무에 종사시키거나 비용이 덜 드는 연수에 참가시킨다. 그리고 연수에 참여했던 직원의 업무성과 등을 구체적으로 수치화해 참가 직후와 이후 1년간을 비교한다.

만약 연수 효과가 거짓이 아니라면 참가그룹이 비참가그룹에 비해 보편적으로 월등히 높은 실적을 올렸을 것이다.

또 기존 데이터를 바탕으로 DM을 보내 효과가 높아진 고객의 특징을 분석한 결과는 그때까지는 아직 가설이다. 하지만 실제로 그러한 특징을 나타낸 고객의 일부를 임의로 선택해 DM을 보낸 다음, 평균 구매금액을 DM 발송그룹과 미발송그룹으로 나눠 비교하면 가설을 입증할 수 있다. 대대적인 DM 발송은 그런 검증이 끝난 뒤에 해도 늦지 않다.

단지 이 정도 과정만 거쳐도 대다수 실수를 미연에 막을 수 있다. 그것이 오차를 고려하지 않은 불완전한 것일지라도 최근 인터넷 관련 기업에서 A/B 테스트를 중요시하게 된 이유이다.

만약 여러분이 이제 실패가 용납되지 않는 결정을 해야 한다면 어떤 식으로 임의화 비교실험을 해야 할지부터 먼저 검토했으면 한다.

15
임의화 비교실험이 사회과학을 가능하게 했다

통계학을 '최강의 학문'이라고 하는 이유는 정치, 교육, 경영, 스포츠 등 어떤 분야에서든 발 빠르게 최선의 답을 이끌어내기 때문이라고 앞에서 언급한 바 있다. 이러한 통계학의 범용성은 어떤 인과관계도 과학적으로 검증할 수 있는 '임의화 비교실험'에 의해 뒷받침된다.

좀 과장해서 말한다면, 피셔의 임의화 비교실험은 과학의 영역 자체를 바꾸었다고 해도 과언이 아니다. '과학이란 무엇인가' 하는 질문에 자세히 대답하려면 이 책은 통계학이 아니라 과학철학을 설명하는 꼴이 되어버린다. 과학철학에 대한 자세한 설명은 전문서에 양보하기로 하고 여기서는 과학적 방법론의 중요한 특징을 '관찰과 실험'이라 정의한 프랑스의 수학자이자 물리학자인 앙리 푸앵카레Jules-Henri Poincaré, 1854~1912의 말을 소개하겠다.

> '관찰'이란 대상을 자세히 보고 측정해 그로부터 어떤 진실을 밝히는 행위이다. '실험'은 다양하게 조건을 바꾼 상태에서 대상을 보고 측정해 그로부터 어떤 진실을 밝히는 행위이다.

바로 이 관찰과 실험 분야에서 통계학이 큰 힘을 발휘한다. 또한 임의화 비교실험이라는 방법론은 '실험이란 무엇인가'라는 생각에서 한걸음 앞서 나아간 개념이다.

물론 피셔 이전에도 놀랄 만한 실험이 없었던 것은 아니다. 의학 분야에서는 1628년에 윌리엄 하비Willam Harvey, 1578~1657가 동물의 이곳저곳 혈관을 묶는 실험을 통해 혈액이 심장에서 출발해 전신을 순환한다는 사실을 밝혀냈다. 그의 실험 이전만 해도 혈액은 간에서 만들어진 다음 인체 각부에서 소비되는 것으로 생각했던 것 같다. 뿐만 아니라 화학과 물리학 등 여러 분야에서 각종 실험을 통해 입증된 법칙이나 발명품이 셀 수 없을 정도로 많다. 하지만 피셔의 임의화 비교실험이 없었다면 인류는 '오차가 존재하는 현상'까지 과학으로 끌어들이지 못했을 것이다.

'오차'도 과학으로 끌어들인 통계

혈관을 묶으면 혈류량이 감소한다는 것은 초등학생도 다 아는 상식이다. 거기에 오차는 존재하지 않는다. 뉴턴은 떨어지는 사과를 보고 만유인력의 법칙을 발견한 것이 아니라고 하지만, 아무튼 공중에서 사과를 놓을 경우 가속도가 붙으며 땅으로 떨어진다. 100번 시도하면 단 한 번의 오차도 없이 그렇게 된다.

중학생 정도까지 배우는 생물학의 대부분은 다양한 생물을 관찰해 그 특징을 이해하고 분류하는 등 박물학적인 내용이 중심을 이룬다. 아마 생물학에서 가장 혁신적인 아이디어는 찰스 다윈Charles R. Darwin, 1809~1882의 진화론이겠지만, 그의 연구 방법 역시 이러한 박물학적 영역에서 벗어나지 않는다.

하지만 '어떻게 하면 밀 수확량을 늘릴까' 같은 주제에 과학적으로 접근하려면 어떻게 하는 것이 좋을까?

생물학자에게 의존할 것 없이 밀은 농부가 가장 잘 안다. 농부는 오랜 경험을 통해 '배수가 안 되면 잘 자라지 않는다'라든가, '겨울철에 맑은 날이 계속되면 풍년'이라는 사실도 알고 있다. 수확량을 더 늘리기 위해 언제, 얼마나, 어떤 종류의 비료를 써야 하는지도 경험과 감으로 파악하고 있다.

하지만 이러한 지식이 피셔 이전에는 과학이 아니었다. 사과를 떨어뜨리면 가속도를 내며 낙하하는 것처럼 매번 똑같이 되풀이되지는 않기 때문이다.

세심한 주의를 기울여 비료 배합을 연구한 경우와 귀찮아서 비료를 주지 않은 해를 비교해도, 때마침 기후가 좋아 후자 쪽이 풍작이 될 수도 있다. 또 같은 해에 비료를 똑같이 준 서로 이웃한

밭에서도 수확량에 차이가 나타날 수 있다.

지금은 밀 수확량을 늘리는 방법 같은 것에 '실험을 통해 사실을 확인한다'라며 과학적 방법론을 들고 나오는데 피셔 이전 시대만 해도 이는 생각하기 어려운 발상이었다.

'오차'에 접근하는 세 가지 방식

100번 할 때 100번 다 꼭 그렇지만은 않은 현상을 과학적으로 다루고자 할 때 가능한 방법이 세 가지가 있다.

하나는 실제 데이터를 전혀 취급하지 않고 단지 가설이나 이런 사례가 있었다는 말만으로 이론모델을 세우는 방식이다. 통계학이 받아들여지기 전만 해도 경제학 등 사회과학은 종종 이런 접근방식을 취했다. 두 번째는, '100번 해서 100번 그렇게 된다'는 상황을 설명하기 위해 결과가 그렇게 나타난 사례만 보고하는 방식이다. 생물 교과서에 종종 등장하는, 멘델G. J. Mendel, 1822~1884이 완두콩을 통해 유전법칙을 알아보기 위해 실험 보고한 내용을 살펴보자. 그는 초기 보고에서 '결과를 10개씩 예시한다'고 해놓고, 자기가 주장한 유전법칙에 딱 맞아떨어지는 완두의 데이터만 보여주었다. 물론 멘델은 한 번 말고 여러 번 실험을 거듭해, '예시' 이상의 데이터를 보이기도 했고, 또 나중에 피셔는 그러한 보고를 정리해 검증하고 '실제보다 분명히 오차가 적다'라고 결론을 내리기는 했다. 하지만 멘델이 스스로 그랬는지, 그의 조수 탓인지는 몰라도 어쨌든 자기 의견에 합당한 결과만 제시한 것은 분명한 사실이다. 물론 그의 유전법칙 자체에 어떤 하자가 있다는 것은 아니다. 마지막 세 번째는, 피셔가 제시한 것으로 임의화를 활용해 인과관계를 확률적으로 표현하는 방식이다.

앞에서 일부러 밀을 예로 든 이유는, 피셔가 밀크티 다음으로 임의화 비교실험을 밀에 적용했기 때문이다. 피셔는 천재적인 두뇌를 가졌으면서도 성격이 완고하고 사람과의 교제에 서툴렀다. 대학에서의 인간관계에 지친 그는 20대 말부터 40대 초반까지의 기간을 영국 벽촌에 있는 로잠스테드 농업시험장의 통계학자로 지냈다. 권력 다툼에서 패한 실의의 나날이라 볼 수도 있는 이 기간 동안 그는 오로지 혼자 힘으로 역사를 움직이는 대발견을 몇 차례 해냈으니, 사람의 인생은 참으로 알 수 없다. 피셔와 같은 천재에게 있어 대발견에 필요했던 것은 멋진 사무실도, 직함도, 뛰어난 동료 연구자도, 부족함이 없는 연구비도 아니었다. 자유롭게 사용할 수 있는 시간과 그저 데이터만 준비돼 있으면 되었다.

비료 A와 비료 B 그리고 밀 수확량의 관련성을 과학적으로 분석하려면 배수관계와 토지의 비옥함, 일조량까지도 살펴봐야 한다. 하지만 농지를 세밀하게 분할해 비료를 임의로 뿌린다고 하면 비료 A를 뿌린 땅과 비료 B를 뿌린 땅의 평균적인 조건은 거의 일치하는 것으로 봐도 무방하다.

임의화와 임의화 표본은 혼동하기 쉬운 용어로 구분지어 사용할 필요는 있지만 추정 결과의 오차를 제어할 수 있다는 것은 둘다 마찬가지다. 모든 농지를 40개로 분할하고 20지구씩 임의로 비료 A, B를 각각 뿌린다고 했을 때 양지 바른 곳이 한쪽으로 집중될 가능성은 얼마나 될까?

각 구역마다 반반의 확률로 일조량의 좋고 나쁨이 결정된다면 임의로 선택한 비료 A 구역으로만 양지 바른 땅이 집중될 확률은 2분의 1의 20제곱, 다시 말해 약 100만분의 1이다. 한편 두 그룹이 햇살 좋은 지역을 완전히 동일하게 나눠 가질 확률은 13%나 된다. (또한 양지 바른 구역 수의 차이를 ±1로 주어 '거의 흡사'라고 하면 확률은 36%, ±2까지 주면 57%나 된다.) 이는 배수관계와 토지의 비옥함이라는 조건을 대입시키더라도 똑같다.

임의화하면, 비교하려는 두 그룹의 모든 조건이 거의 평균화된다. 그리고 마지막 조건인 실험을 통해 조절하려고 한 비료만 다르다. 그 상태에서 두 그룹의 수확량에 '오차라 보기 힘든 차이'가 생겼다면, 그것은 '비료로 인해 수확량에 차이가 났다'라고 판단해 인과관계를 거의 실증했다고 볼 수 있다.

피셔는 로잠스테드에서 실험한 이러한 연구 성과를 정리해 《실험계획법》이라는 책을 세상에 내놓았다. 이 책은 다양한 분야의 모든 연구자에게 필독서가 되었으며 한때 전 세계를 통틀어 과학논문에서 가장 많이 인용된 책으로 기록되었다.

밀조차 수확량이 일률적이지 않아 과학적으로 처리하기가 힘든데, 하물며 인간과 그 집단인 사회를 분석하는 것은 피셔 이전의 과학관으로는 전혀 상상조차 못했던 일이다. 하지만 피셔가 창안한 실험계획법에 의해 심리학, 교육학, 정책학, 그리고 여러분의 일과 직접 관련된 경영학같이 복잡하고 오류투성이인 인간을 대상으로 삼는 과학이 마침내 20세기에 그 꽃을 활짝 피웠다.

윤리적으로, 그리고 예산상 실험이 허용된다면 연구 참가자를 임의로 분류하고 서로 다른 상황을 설정한 다음, 그 차이를 통계학적으로 분석하면 그만이다. 이토록 알기 쉽고 강력한 연구 방법이 어디 있단 말인가. 이 분석의 결과로 얻어낸 에비던스들이 여러분의 사업에 큰 무기가 될 수 있다.

일조량과 배수시설 등 '모든 조건을 임의화하면 평균적으로 비교하려는 두 그룹이 동일한 조건에 놓이게 된다'는 성질을 비즈니스에 대입시켜보라. 그러면 고객과 직원의 연령, 성별, 심리특성 같은 것이 설령 결과를 왜곡할 수 있을지라도, '어느 정도의 숫자로 임의화하면 문제가 되지 않는다.'

임의화 비교실험을 적절히 다룰 줄 알게 되면, 그로 인해 검증된 결과는 이제 과학적으로 옳다고 보아도 무방하다. 사업 아이디어가 참신하고, 그 내용을 하나하나 논문으로 정리할 수 있다면 학술잡지에 게재되는 수준의 연구 성과까지 될 수 있다.

과학이란 흰옷을 입고 이상한 기계나 약품을 만지작거리는 게 아니라 올바른 일에 최대한 겸허하게 그리고 대담하게 파고드는 자세라고 나는 생각한다.

16
'재봉틀 두 대 사면 10% 할인'으로 매출이 오를까

임의화 비교실험을 활용하면 적은 비용과 최소한의 위험부담으로 실수의 가능성을 줄일 수 있다. 반대로 표현하면, 적은 비용과 최소의 위험부담으로 '일부러 실수를 할 수도 있다'는 말이 되기도 한다. 혹은 '일부러 바보 같은 착상을 시도한다'라고 바꿔 말해도 좋다. 예를 들어 여러분이 바느질이나 뜨개질 등 취미용품을 통신 판매하는 회사에 근무한다고 치고 부하직원이나 후배가 '재봉틀을 두 대 사면 10% 할인해주는 캠페인은 어떨까요?'라는 아이디어를 제안하면 어떻게 하겠는가?

재봉틀은 보통 한 집에 한 대만 있어도 충분하다. 바느질이 취미인 여성이 2명 이상 있는 대가족이라도 서로 재봉틀을 차지하려고 싸우는 일은 거의 없다. 정상적인 사고방식을 가진 사람이라면 대부분 '이 녀석, 무슨 뚱딴지같은 소리를 하는 거야'라고 생각할 것이다. 하지만 이는 내가 억지로 생각해낸 '바보 같은 착상'이 아니다. 이 '바보 같은 착상'은 실제로 매출을 3배 이상 끌어올린, 말도 안 되는 대성공 캠페인의 토대가 되었다.

조앤패브릭 사는 본래 원단만 팔던 회사였는데, 동종업체 중에서는 초기에 인터넷 판매 시장에 진출해 지금은 재봉이나 뜨개질, 케이크 장식 등 가정 취미 관련 종합기업으로 성장했다. 그들은 적극적으로 A/B 테스트를 해 홍보 캠페인을 벌일 때는 항상 복수의 안을 임의화해 시험했다. 그래서 회의석상에서 의견을 모으기보다는 '일단 시험해보고 결과가 안 좋으면 그만두자'라고 하는 방식이 정착되어 있었다. '손해는 없지만 별 의미도 없을 것 같다' 정도의 아이디어도 비교 대조 과정에 그다지 큰 비용이 들지 않으므로 적극적으로 실험했다.

그러다 터트린 대성공이 '재봉틀 두 대 사면 10% 할인'이라는 캠페인이었다. 결과적으로 단순하면서도 아무도 상상하지 못했던 현상이 벌어졌다. 캠페인을 접한 고객들이 물론 두 대의 재봉틀을 갖고 싶어 한 것은 아니었다. 하지만 원하는 재봉틀을 10% 할인된 가격으로 사기 위해 그들은 일부러 이웃과 친구들을 찾아가 공동구매를 제안했다.

다시 말해, 조앤패브릭 사는 생각지도 않게 한 푼도 들이지 않고 우수한 영업직원들을 고용한 셈이 되었다. 결국 캠페인 광고에 노출된 고객 그룹은 그렇지 않은 고객 그룹에 비해 평균 3배 이상의 매출을 올려주었다. 물론 이 두 그룹은 임의화를 통해 나눠졌으며 캠페인 광고 이외의 나머지는 모두 동일한 조건이었다.

여러분의 회사가 실패를 너무 두려워해 새로운 아이디어를 받아들이기보다 그럴듯한 이유를 들어 부정하는 쪽이라면 참으로 유감이 아닐 수 없다. 쓸데없는 위험과 비용을 피하는 것은 당연하다. 하지만 통계학적 근거도 없이 반드시 옳다고 판단하는 것이 어리석은 만큼, 무조건 잘못이라고 여기는 것 또한 잘못이다.

통계학적 사고만 제대로 잡혀 있다면 이제 비즈니스 관련 임의화 비교실험의 비용은 그다지 많이 들지 않는다. 복수의 DM 디자인 중 어느 것이 좋을지 판단하는 일처럼 아무리 논의해도 확실한 정답이 나오지 않는 주제를 놓고 불필요한 인건비를 들여 끝없는 회의를 반복하기보다는 비교적 저렴한 매체를 통해 소규모 임의화 비교실험을 하는 편이 비용은 덜 들이면서도 신속하고 확실한 답을 얻을 가능성이 훨씬 크다.

1억 5000만 달러를 벌게 해준 클레임 대응

고객대응이나 인사 관련 업무 외에 회사 전반에 걸쳐 답을 끌어내기 힘든 판단도 개인 감각에 맡기기보다는 우선 임의화해 정기적으로 평가하는 방식이 장기적으로 볼 때 훨씬 효율적이다.

예를 들어 콘티넨탈항공은 비행기가 지연되거나 대기예약에서 취소당해 곤란을 겪은 고객에게 어떻게 대응할지를 놓고 임의화 비교실험을 한 적이 있다. 그들은 위와 같은 문제를 겪은 고객을 임의로 세 그룹으로 나눠 대응했다.

① 공식적인 사과편지를 보낸다.

② 사과편지 외에 프리미엄클럽 임시 무료가입권을 준다.

③ 특별히 아무런 행동도 취하지 않는다. (비교 대조를 위해 설정한 그룹)

그 후의 조사 결과를 보니 사과편지를 보내지 않았던 사람들은 몇 달이 지난 후에도 여전히 화가 나 있었다. 사과편지를 받은 두 그룹은 이듬해 콘티넨탈항공에 지출한 돈이 8%나 늘었다. 즉 '안 좋은 이미지가 있었는데 기분이 좀 풀리는군' 하며 그들은 콘티넨탈항공을 더 좋아하게 되었다는 것이다. 또한 프리미엄클럽 임시 무료가입권을 제공받은 고객의 30% 정도는 무료기간이 끝난 뒤에도 자기 부담으로 회비를 지불해 콘티넨탈항공은 추가 수익을 얻었다고 한다. 콘티넨탈은 그 후 무슨 문제가 생길 때마다 재빨리 사과편지와 프리미엄클럽 무료가입권을 보냈다. 그 결과 1억 5000만 달러 이상의 매출을 증가시켰다.

사내에 수없이 산적해 있는 문제에 대해, 정답이 없으면 우선 임의로 정해놓고 실험해보는 것의 가치는 생각 이상으로 크다. 다만 지속적으로 데이터를 수집하는 일은 절대로 소홀히 해서는 안 된다. 그래야만 나중에 정확하게 '그 방법이 좋았는지', '어느 정도 이익으로 이어졌는지' 등의 부분을 평가할 수 있기 때문이다.

임의란 의외로 어렵다

임의를 '적당히, 대충'의 의미로 받아들이는 사람도 있는데 그보다는 '무작위'로 풀이하는 것이 타당하다. 무작위란 인간의 의사가 포함되지 않도록 한다는 뜻으로, 달리 말하면 '확률적'이라 할 수도 있다.

주의해야 할 것은 우리가 '무작위로' 혹은 '대충' 끄집어낸 숫자는 종종 '임의'가 되지 않을 수도 있다는 점이다. 하나를 고르는 시험문제의 정답을 무엇으로 할지 출제자는 '대충' 정하는 것 같지만, 왠지 A가 정답일 확률보다 C가 정답일 확률이 우연이라고 보기는 힘들 정도로 높을 때가 있다.

또 A와 B를 임의로 셋씩 짝지어보면 'AAA' 혹은 'BBB'처럼 동일한 문자가 세 번 연속되는 경우는 총 여덟 가지 조합 중 두 개(25%)나 된다.(도표 17) 한편 A와 B를 '3개씩 대충' 짝지으라고 하면, 사람은 종종 '세 문자가 계속 이어지면 부자연스럽지 않을까?' 하며 이유도 모르는 배려를 해 이 조합을 피하려는 경향이 있다.

임의화를 하려면 이러한 '대충'이나 '적당히'의 경지마저 뛰어넘어 일체의 의도 없이 말 그대로 '임의'만을 추구해야 한다. 다행히도 요즘은 엑셀 프로그램을 띄워놓고 '= rand ( )'를 입력하는 것만으로 간단히 임의의 수치를 구할 수 있다. 이런 임의화의 힘을, '대충 뽑아서 하다니 이런 무책임한' 하고 느끼는 어르신들이 아직도 여러분의 직장에 있을지도 모른다. 하지만 임의화는 현재 미국 정부조차 인정해 적극적으로 활용하는 방법이다.

미국은 정책을 실시하기 전에 임의화 비교실험을 하라고 주법에까지 명시해놓은 곳이 적지 않으며, 공립학교와 법원 등 갖가지 행정 처리에 임의화 비교실험이 널리 퍼져 있어서 다양한 실증평가가 이루어지고 있다. 오바마 대통령이 두 번의 대선에서 승리한 요인 중 하나로 댄 시로커의 영입을 꼽기도 하는데, 그는 정치자금 조성과 선거운동에 수많은 방식으로 A/B 테스트를 적용해 최적의 의사결정을 내렸다.

도표 17 A와 B, 3개씩 짝짓기

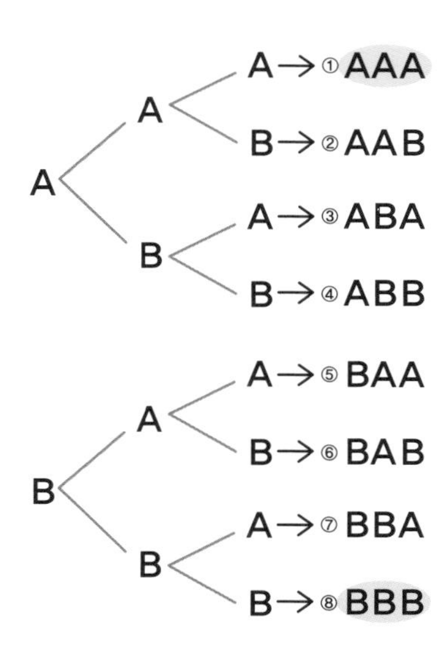

일본 속담 중에 '바보는 생각하기보다 차라리 쉬는 게 낫다'는 말이 있다. 인간은 기본적으로 바보 같다고 나는 생각한다. 아무리 머리를 쥐어짜도 뾰족한 수가 없는 일에, 깊이 생각하고 서로 얼굴을 맞대고 이야기하면 묘수가 나온다고 생각하는 것 자체가 바보 같은 발상이 아니고 무엇이겠는가.

우리가 할 수 있는 일은 먼저 임의화 비교실험을 하고 결과는 하늘에 맡기는 것이다. 그다음 제대로 된 통계해석을 해 나타난 하늘의 뜻에 귀를 기울여야만 한다.

17
임의화의 세 가지 한계

여기까지 왔으면 이제 임의화의 힘을 충분히 알았을 거라고 믿는다. 이 책에서 통계학은 '신속하게 최선의 답을 얻도록 해주는 학문'이라고 거듭 강조했는데, 임의화는 그중에서도 가장 강력한 무기다.

그러나 유감스럽게도 이 무기는 언제나 사용할 수 있는 것이 아니다.

세상에는 임의화를 하는 것 자체가 불가능한 경우, 임의화가 허용되지 않는 경우 그리고 하는 것 자체는 아무 문제가 없는데 하면 큰 손해를 입는 경우 등 세 가지의 벽이 있다.

첫 번째 벽은 '현실', 두 번째 벽은 '윤리', 그리고 세 번째 벽은 '감정'이다.

이 세 가지 벽에 대해 하나하나 살펴보자.

'현실'의 벽

임의화를 가로막는 '현실'의 벽이란 '절대적인 표본 수의 제한'과 '조건 제어 불가능성'이다.

예를 들어 우주왕복선을 달에 보낼 때 승무원은 3명이 좋을지 4명이 좋을지를 놓고 NASA에서 갑론을박이 벌어졌다고 치자. 물론 임의화 비교실험은 이런 문제에도 명쾌한 해답을 준다. 앞으로 달에 가는 100번의 비행 중 절반은 3명으로, 절반은 4명으로 보낸다. 그리고 투입한 비용당 성과를 비교해 '우연이라 보기 힘든 차이가 발생하는지'를 살펴보면 된다.

하지만 이런 대답을 하는 통계학자가 있다면 두말없이 바보 취급을 당할 것이다. 물론 우주 관련 기술에 극적인 변화가 생긴다면 이야기는 달라지겠지만 앞으로 100번씩이나 달에 갈 예산을 어디에서 구한다는 말인가.

이처럼 '단 한 번만의 기회' 혹은 있더라도 겨우 몇 번 정도밖에 기회가 주어지지 않는 일에서는 통계학은 무기력 그 자체이다.

회사가 대규모 기업인수에 뛰어든다거나 현재 사귀는 애인과 결혼할지 말지 정하는 등 일생일대의 결단을 임의화할 수는 없는 노릇이다. 여담이지만, 내가 알고 지내는 한 통계학자는 평생 한 여성하고만 교제하다가 그대로 결혼했다. 그래서 나와 친구들은 그의 순애보적인 사랑을 두고 '통계학으로는 해석이 불가능하다'는 표현으로 경의를 표한 적이 있다. 데이터가 하나밖에 없다는 것은 오차도, 표준편차도 없이 단 하나의 값이 평균값이자 최대값이며 최소값이다. 이런 경우 통계학은 그야말로 무기력하다.

또 하나 '현실'의 벽은 임의화하려고 해도 조건을 조절하는 것 자체가 불가능한 경우이다. 예를 들어 '지진을 경험한 직원들은 정신적으로 강해진다'라는 가설을 검증해야 하는데, 지진을 조절하는 기술이 인류에게 아직 없으니 임의화고 뭐고 실험을 할 재간이 없다.

설령 지진을 조절할 기술이 개발되었다고 해도 사무실이 도쿄에 있고 출장도 거의 없는 회사를 대상으로 해야 한다면 그 또한 문제가 아닐 수 없다. 실험을 위해 도쿄 같은 대도시에 의도적으로 지진을 일으킬 경우 근처의 모든 사람이 피해를 입을 것이 불 보듯 뻔하기 때문이다.

'윤리'의 벽

대지진 실험에서는 '윤리'의 벽도 매우 중대한 문제로 작용한다. 이 실험을 하다 건물이 파괴되거나 사람이 큰 부상을 입게 된다면 누가 가만히 있겠는가. 설령 '이 실험이 좋은 결과를 내면, 앞으로 지진에 의한 사망자가 엄청나게 줄어들 겁니다'라는 명분을 내세운들 확실하지도 않은 '앞으로의 혜택을 누릴 사람들'을 위해 지금 확실한 사상자를 내는 상황을 과연 올바르다고 말할 수 있을까?

《정의란 무엇인가》로 유명한 마이클 샌델 교수Michael Sandel, 1953~라면 정작 이제부터 심도 있는 논의를 진행시킬지 몰라도, 여기서는 일반적으로 통계학자들 사이에서 공유되는 윤리적 지침을 소개하겠다.

> ① 임의화에 의해 인위적으로 유해한 경우가 생겨서는 안 된다(가능성이 높은 경우도 포함).
>
> ② 유해한 것이 일절 없더라도 '좋다', '나쁘다'처럼 불공평하게 극 대극 상황이 벌어질 것을 예상할 수 있는 경우도 안 된다.

①은 '나쁜 짓을 하면 안 된다'처럼 초등학생도 다 아는 상식이나 다름없는 내용이다. 나쁜지 확실히 알면서도 한 실험은 나치의 인체실험과 마찬가지로 인정하지 않겠다는 뜻이다.

예를 들어 담배는 폐암이나 심장병 등을 유발하는, 몸에 유해한 것인가 하는 의문에 대해 역사상 공공연하게 임의화 비교실험이 이루어졌던 적은 없다. 기존의 윤리적인 상식이 정반대로 뒤집어지는 사태가 발생하지 않는 한, 앞으로도 이 문제를 놓고 임의화 비교실험을 할 일은 절대 없으리라고 단언할 수 있다. 지금까지 임의화를 한 적은 없을지라도 폭넓게 축적된 다양한 데이터를 통계해석해 '흡연은 폐암이나 심장병과 관련이 있다'는 결과를 얻었기 때문에 마땅히 윤리적인 심사에서 실험 실행이 통과될 리 없다.

②는 ①처럼 반사회적이지는 않지만 형평성 측면에서 문제가 될 수 있다. 특별한 이유도 없이 임의의 국민 반수에게만 감세 혜택을 준다든지, 임의의 암환자 반수에게만 효과가 입증된 좋은 약을 투여한다든지 하는 경우이다. 뒤집어 말하면 '나머지 반수에게는 분명 나쁜 짓'을 하는 것이나 다름없다.

그러나 얼핏 보아 '어느 한 그룹에는 좋은 일'이라도 통계학적 실증이 불충분해 '실제로 어느 쪽이 좋은지 확실히 모르겠다'라는 상황이라면 임의화 비교실험은 정당화될 수 있다.

다음은 실제로 미국에서 벌어진 사례이다.

- 일부 빈곤 가정에만 주택임대비용을 지원해준다.
- 일부 실업자에게만 일자리 찾는 방법과 면접 받는 요령을 교육한다.
- 일부 저소득자에게만 기본생계비를 보조해준다(소득이 일정 수준을 밑돌면 기본생계비 부족분 지급).

위 세 사례는 모두 저소득자나 실업자에게만 복지혜택을 주는 것이므로 앞에서 언급한 윤리적 가이드라인 ②에 저촉되는 것처럼 보인다. 그러나 실제로는 '무익 혹은 유해'의 공방이 거세지면서 심도 있게 논의한 결과 오히려 윤리적이라고 결론을 내려 허가를 얻게 되었다.

그러나 결과가 썩 좋게 나타나지만은 않았다. 주택임대비용을 지원받아 슬럼가에서 벗어나기는 했지만 자녀 교육률이나 범죄율이 개선되지는 않았기 때문이다. 오히려 사내아이들에게는 악영향을 미쳤다는 분석 결과가 나타나기도 했다.

이처럼 미국에서는, 지금까지의 연구 성과나 논의를 바탕으로 '얼핏 보아 이쪽이 좋을 것 같은데 실제로는 잘 모르겠다'라는, 사회적 의의가 큰 임의화 비교실험에 많은 예산을 들이는 데 주저하지 않는다. 이런 부분이야말로 우리가 본받아야 할 자세 중 하나일 것이다.

'감정'의 벽

과학적이고 윤리적인 논의를 했는데도 실제로 어떻게 하는 것이 좋은지 알 수 없다면 임의화를 하는 것이 올바른 방법이라고 생각할 수는 있다. 그러나 사람에 따라서는 '임의화에 의해 운명이 좌우되는 것은 왠지 꺼림칙하다'며 실험에 참가하기를 주저하는 경우도 있다. 이것이 마지막 세 번째 한계인 '감정'의 벽이다.

앞에서도 살펴보았듯이 빈곤 가정에 경제적 지원을 하는 것이 '전반적으로 오히려 유해할 수도 있다'는 사실이 임의화 비교실험을 통해 검증되었다. 그러나 '우리는 절대 그렇게 되지 않을 테니 생계비 보조를 해주시오'라든가, '일부 가정에만 그런 혜택을 주다니 너무하는군' 하며 감정적으로 반감을 가지는 사람이 반드시 있게 마련이다.

사회보장제도, 그리고 교육 등 어떤 분야에서든 임의화 비교실험을 하는 것이 장기적으로는 좋은 사회를 구현하는 방법임에는 틀림없다. 하지만 '대충 정해지는 것 같아서 싫어!' 혹은 '내가 손해 보는 쪽이 되기는 싫어!' 하며 감정적으로 강하게 저항하는 사람이 수익자나 관계자 중에 있다면 그 또한 고려해야 할 문제이다.

비즈니스 부문에서는 과학자나 공무원만큼 윤리적으로 이러쿵저러쿵 비난받을 일은 적겠지만, 그래도 이런 감정적인 면에서의 반감에 대비하지 않으면 고객이나 거래처 또는 상사로부터 심한 꼴을 당할 수도 있다.

예를 들어 아마존닷컴은 한때 가격산정 방법을 개선하기 위해 임의화 비교실험을 한 적이 있는데 그 사실이 고객에게 처음 알려졌을 때 크게 문제가 되었다. 이전부터 사려고 했던 DVD를 우연히 친구 컴퓨터를 통해 확인했더니 자그마치 5달러나 가격 차이가 났던 것이다. 이런 사실이 서서히 고객 사이로 널리 퍼지면서 아마존이 고객을 우롱하는 것은 아닌가 하며 문제가 되기 시작했다. 결국 최고책임자가 직접 '가격산정을 위해 실시한 임의화 비교실험으로 이는 저희들의 잘못입니다'라며 사과성명을 내고 '앞으로 이런 일이 발생한다면 최저가로 모시겠습니다' 하고 약속하는 선에서 사건을 일단락지었다.

앞에서 소개한 항공사의 사례에서도, '내가 임의로 선택돼서 사과편지를 받았다' 혹은 반대로 '임의로 선택되어 사과편지도 못 받았으니 나는 완전 무시당했군' 같은 오해를 사게 된다면 생각만으로도 소름이 돋을 만한 일이다. 좋은 이미지를 얻어 매출을 올리기는커녕 다시는 이 항공사를 이용하지 않겠다는 고객만 많아졌을 것이다. '고객에게 불신감을 주는 것'이 얼마나 실적에 악영향을 미치는지는 임의화 비교실험을 통해 검증하기가 쉽지 않다. '현실의 벽'과 '윤리의 벽'이 가로막고 있기 때문이다. 하지만 그렇기 때문에 오히려 더 신경 쓰고 조심해야 한다.

제5장

통계학은 계속 발전하고 있다

18
역학의 발전이 증명한 담배의 위험

이제 임의화 비교실험의 강력함과 그 힘을 이용하지 못하는 상황에 대해 충분히 이해했으리라고 생각한다. 임의화만 적절히 한다면, 우리는 이 세상의 온갖 인과관계를 과학적으로 검증하고 활용할 수 있다. 하지만 제어 자체가 불가능한 경우, 윤리적으로 허용되지 않는 경우, 그리고 이해 관계자로부터 감정적인 반발이 예상되는 경우에는 임의화를 이용하는 것이 적합하지 않다.

그러나 임의화를 할 수 없는 상황에서도 통계학은 도움이 된다. 앞에서 '과학은 관찰과 실험에서 비롯된다'고 말했는데, 임의화에 근거해 조건을 조절하는 실험뿐만 아니라 조사 관찰을 할 때도 통계학은 큰 힘을 발휘한다.

임의화 비교실험이 윤리적으로 허용되지 않는 상황으로 흡연과 암의 인과관계를 예로 든 바 있다. 이미 다양한 에비던스를 통해 흡연이 암 발병의 한 요인이라는 사실이 밝혀졌는데 일부러 사람들을 참가시켜 인위적인 연구를 하는 것은 윤리적으로 용서되지 않는다는 것이 그 이유였다.

그런데 처음부터 흡연이 암의 원인이라는 사실을 알았던 것은 아니다. 18세기에는 그을음투성이로 일하는 굴뚝 청소원들이 피부암(당시 그렇게 불리지는 않았지만)에 쉽게 걸린다고 알려져 있었으며, 1915년에는 일본인 야마기와 가쓰사부로山極勝三郎, 1862~1930와 이치카와 고이치市川厚一, 1888~1948에 의해 토끼 귀에 콜타르(석탄에서 생기는 검은 액체)를 바르면 암에 걸린다는 사실이 이미 밝혀졌다. 마찬가지로 타르가 포함된 담배에 발암성이 있는 것은 아닌가, 하는 의문은 암에 관심이 있는 의학 연구자라면 누구든 가졌을 것이다.

그러한 의문을 실제로 밝히기 위해 연구한 초창기 인물로, 영국의 윌리엄 돌William Richard Shaboe Doll, 1912~2005과 A. 브래드포드 힐A. BradFord Hill 박사가 있다. 만약 여러분 주변에 담뱃갑이 있다면 '역학조사 결과에 따르면 흡연자는 폐암으로 사망할 위험성이 비흡연자에 비해 약 2배에서 4배 높습니다'라고 적힌 경고문구를 볼 수 있다(일본 담뱃갑의 경우). 담배 관련 '역학조사'가 바로 이들에 의해 세계 최초로 이루어졌다.

앞에서 소개한 스노의 역학은 그가 세상을 떠난 뒤에도 영국에서 꾸준히 발전을 거듭했다. 윌리엄 돌과 브래드포드 힐 박사도 스노 이후 계속 진보돼온 역학적 방법론을 이용해 흡연과 폐암의 관계를 통계학적으로 분석했다.

'비교 대조분석 연구'의 등장

둘은 1948년부터 1952년에 걸쳐 영국 내 병원에 폐암으로 입원한 환자 1465명을 만나 그들을 성, 연령대, 사회계층 그리고 거주 지역별로 나눠 흡연력을 조사했다. 동시에 위와 똑같은 조건인, 폐암 이외의 질환으로 입원하고 있는 같은 수의 환자를 찾아내서 조사했다.

아울러 폐렴에 걸렸던 경험 유무, 주택 난방설비의 종류 등 폐암의 위험요인으로 의심되는 다른 항목도 조사했는데 가장 큰 관련성을 보인 것이 흡연이었다. 그들의 연구 성과를 나타낸 것이 〈도표 18〉이다.

당시는 요즘과 비교해 흡연율이 더 높던 시절이었는데, 남성의 경우 1357명의 폐암 환자 중 비흡연자는 단지 7명(0.5%)뿐이었고, 비폐암 환자 중 비흡연자는 61명(4.5%)으로 약 9배나 되었다. 여성의 경우는 폐암 환자 중 비흡연자가 108명 중 40명(37.0%)에 대해, 비폐암 환자 중 비흡연자는 108명 중 59명(54.6%)으로 역시 비흡연자 쪽 비율이 높다.

이 결과를 놓고 카이제곱검정을 하면, 남성의 경우 p-값이 0.1% 미만, 여성도 p-값이 1% 미만이었다. 양쪽 모두 오차로 보기 힘들 정도로 폐암 환자의 흡연율이 높았다. 실제 논문에서는 흡연/비흡연의 단순비교가 아니라 하루 흡연량도 포함시켜 검정을 했기 때문에 p-값이 더 적은 수치로 나타났다.

도표 18 **폐암과 흡연의 관련성**

		총인원	흡연자	비흡연자
남성	폐암 환자	1357	1350	7
			99.5%	0.5%
	비폐암 환자	1357	1296	61
			95.5%	4.5%
여성	폐암 환자	108	68	40
			63.0%	37.0%
	비폐암 환자	108	49	59
			45.4%	54.6%

성별이나 연령대별로 흡연율과 암 발병 위험이 다른 것은 두말할 필요도 없었는데, 당시는 지금 이상으로 귀족 등의 부유층과 노동자들의 빈부격차는 물론 건강상태도 매우 차이가 심했다. 그런 상황에서 윌리엄 돌과 A. 브래드포드 힐은 '비교 대조분석case control(케이스 컨트롤) 연구'라 불리는 데이터 취합 방법을 이용했다. 역학에서 말하는 케이스case란 밝히고자 하는 병에 걸린 사례(환자)를 가리키며, 컨트롤control이란 그 비교 대조를 말한다(참고로 '비교 대조'는 역학의 전문 용어로 '비교 대상'과는 다른 개념이다).

비교 대조를 할 때는 '관심이 있는 질환과 위험요인의 유무 이외는 조건이 매우 닮은 대상자'들이 선택된다. '매우 닮았다'의 정의는 연구에 따라 다양하게 규정되는데, 중요한 것은 관심이 있는 위험요인 말고는 가급적 모든 조건을 동등하게 갖추는 것이 바람직하다. 그렇기 때문에 윌리엄 돌과 A. 브래드포드 힐 박사는 흡연이라는 위험요인 말고 폐암과 관련지을 수 있는 다른 조건들, 즉 성, 연령대, 사회계층, 거주 지역 등의 조건을 동등하게 갖춰놓고 조사(전문용어로 이것을 층별 해석이라 한다)를 했던 것이다. 이렇게 층별 해석을 통해 비교하면, 임의화를 하지 않아도 '공정한 비교'를 할 수 있다.

천재 피셔의 반론

사실 피셔는 말년(윌리엄 돌과 A. 브래드포드 힐 박사의 연구 결과가 공표되었을 때 그는 예순둘이었으며, 그로부터 10년 뒤 암으로 사망했다)에, 역학적 사고방식에 대해 논문까지 발표하며 이를 맹렬히 반대했다. 공교롭게도 그가 애연가였기 때문인지는 몰라도, 역학이나 통계학 관련자들 사이에서는 '피셔 정도의 천재도 자신이 좋아하는 것을 깎아내리는 연구는 반대하고 싶었던 모양이다'라는 우스갯소리가 오갈 정도였다. 그러나 그것이 꼭 괴팍한 노인네의 무의미한 비평이나 넋두리만은 아니었다.

피셔가 문제 삼은 것 중 하나는, 임의화 비교실험을 하지 않은 해석은 아무리 '동등한 그룹끼리 층별 해석을 했다'손치더라도, 엄밀한 의미로 한계가 있을 수밖에 없다는 것이다.

임의화를 하면 어떤 조건에 대해서도 비교하고 싶은 두 그룹은 평균적으로 동일해진다. '어떤 조건에 대해서도'라는 말은 그 조건을 측정하든지 안 하든지 변함이 없다는 뜻이다. 우리가 전혀 상상도 하지 못했던 무엇인가가 결과에 영향을 미친다고 해도, 임의화를 하기만 하면 부지불식간에 '평균적으로는 마찬가지'가 된다. 그러나 비교 대조분석 연구에서는 어떨까. '마찬가지'라는 것은 어디까지나 인위적으로 '마찬가지'가 되도록 갖춰놓은 조건뿐이다. 윌리엄 돌과 A. 브래드포드 힐의 연구에 빗대어 말하자면 성, 연령대, 사회계층 그리고 거주 지역에 대해서는 '마찬가지'일지 모르지만, 그 외에 결과에 영향을 줄 수도 있는 어떤 요인이 있을 경우 그것까지 마찬가지인지 어떤지를 보증할 수 없다.

예를 들어 동일한 사회계층의 '노동자'를 선택했다고 해도, 우연히 폐암 환자 그룹에 굴뚝 청소원이 다수 포함되어 있다고 가정하면, 이 경우에도 역시 폐암 환자의 흡연율은 높다는 결과가 얻어진다. 이렇다면 p- 값이 아무리 낮게 나타나더라도, 어떤 요인에 의해 결과가 왜곡되어 나타났다는 비판에서 자유로울 수 없다.

이외에도 비판할 부분이 또 있다. 윌리엄 돌과 A. 브래드포드 힐 박사가 수집한 데이터는 영국인에게 편의된 집단이라서 모든 사람에게 적용되지는 않는 것이라며 의심하는 사람도 있다. 또 폐암 환자일수록 흡연을 과장되게 묘사하는 경향이 있으므로 본인에게 직접 들은 조사 결과만으로는 신빙성이 떨어진다는 비판도 전혀 근거 없는 말은 아니다.

전 세계에 축적된 데이터에 의한 재반론

위와 같은 비판을 잠들게 한 것은 초기 프레이밍험 연구에서 중심적인 역할을 한 통계학자인 제롬 콘필드Jerome Cornfield 등이 쓴 1959년의 논문이다. 그들은 그때까지 발표된 흡연과 암에 관련된 세상의 모든 연구를 인용해 종합적으로 판단한 결과, 흡연이 암 발병요인 중 하나라고 보아도 무방하다는 결론을 내렸다.

영국 이외에 미국, 캐나다, 프랑스, 그리고 일본에서도 윌리엄 돌과 A. 브래드포드 힐이 했던 것과 같은 비교 대조분석 연구가 실행되었는데 이 모두를 가리켜 그들은 '세상의 모든 연구'라는 표현을 썼고 어느 나라에서든 같은 결과가 나타났다.

일본에서의 역학 연구는 도호쿠 대학에서 공중위생학을 담당한 초대교수이자 모자건강수첩을 창안한 세기 미쓰오 등에 의한 1957년의 논문이 있다. 그는 다른 문화, 다른 국민, 다른 사회구조를 가진 집단에서도 흡연 유무가 폐암과 큰 관련성을 가진다는 사실을 밝혀냈다. 적어도 당시 일본에서는 굴뚝 청소원이라는 직업이 영국만큼 보편적이지는 않았을 것이다.

비교 대조분석 연구처럼 폐암 '결과'가 나온 뒤 과거를 추적 조사하는 방식으로는, 그룹 사이의 기억이나 대답 성향의 차이가 문제로 작용할 수도 있다. 그러나 결과가 나오기 전부터 집단을 계속적으로 조사한 프레이밍험 연구 방식의 역학 연구(이것을 코호트 Cohort 연구*라 부른다)를 통해 알려진 에비던스도 인용되고 있다.

윌리엄 돌과 A. 브래드포드 힐은 그 후 또 다른 연구를 했는데, 내과를 찾은 5만 명의 생활습관과 암의 발생을 5년간 추적 조사한 뒤 흡연자 그룹에서 신규 폐암 발병률이 분명히 높다는 분석결과를 내놓았다. 또 미국에서는 20만 명에 가까운 고령자를 대상으로 코호트 연구를 실시한 결과, 마찬가지로 흡연자 그룹에서 신규 폐암 발병률이 높게 나타났다고 결론지었다. 이를 통해 살펴보면 적어도 폐암 환자일수록 흡연율이 높게 나타난다는 주장이 힘을 얻게 되는 '인과관계의 역전'이 생길 가능성은 생각하기 힘들 것이다.

'제대로 갖춰지지 않은 조건'에 언제까지 얽매여야 할까

지금까지 살펴본 역학 연구는 모두 임의화를 하지 않았기 때문에 아무리 조건을 다 갖췄다고 장담하더라도 '완벽하게 갖춰지지 않았을 최소한의 가능성'마저 떨쳐버릴 수는 없다. 그렇다면 도대체 완벽하게 조건이 갖춰지지 않았을 최소한의 가능성은 어떤 식으로 존재할까.

과학적인 엄밀함에 얽매이면 조건이 완벽하게 갖춰지지 않았기에 위험이 존재하지 않을 가능성도 물론 있다. 하지만 엄밀

---

* 처음 조건이 주어진 집단(코호트)에 대해 이후 경과를 알기 위해 미래에 대해 조사하는 방법.

함에 집착해 위험성이 큰데도 피하지 않는 것도 어리석은 판단이 아닐까.

동물에 담배의 타르 성분을 바르면 암이 발생하고, 세상의 모든 역학 연구 결과를 보니 흡연자와 암 사이에 오차라고 보기 힘든 관련성이 나타나고 있다면, 이제 '위험하다'고 보는 편이 현실적인 판단은 아닐까.

이 책을 읽는 여러분이 흡연자라 하고 폐암으로 겪는 극심한 통증과 항암제에 의한 부작용으로 만년에 고생할지도 모르는 위험을 각오하고 담배를 피운다면, 그것은 물론 여러분의 자유이다. 간접흡연을 하게 될 가족이나 주변 사람의 건강도 되도록 고려해 주었으면 하는 바람이지만, '임의화 비교실험으로 증명되지 않았기 때문에 엄밀히 말해 인과관계를 알 수 없다'는 피셔의 입장도 부정은 하지 않는다.

하지만 정부가 과학적인 엄밀함에 얽매여 흡연 대책을 강구하지 않는다면, 그것은 과학 운운하기 이전의 문제로 '무능'과 다를 바 없다. 일본의 의료경제연구 기관이 최신 역학 연구를 바탕으로 산출한 바에 따르면, 흡연으로 인해 쓸데없이 드는 의료비나 노동력 손실 등을 합치면 매년 7조 엔 이상의 예산이 낭비되고 있다. 담배로 걷어 들이는 세수와 경제효과를 통해서는 절반도 보전할 수 없는 금액이다. '엄밀하게는 그렇지 않을 수도 있어' 하며 GDP의 1% 이상이나 되는 7조 엔의 손실을 그냥 두는 것은 바보들이나 하는 짓이다.

역학 연구에 반론하고 싶은 사람은 결과를 왜곡시킬 수 있는 모든 조건을 지적한다. 물론 그렇게 하면 역학 연구가 뜻하지 않는 함정에 빠져 잘못된 결론을 내릴 가능성은 줄일 수 있다. 하지만 그런 지적을 무력화시킬 만큼 통계 전문가가 데이터를 제대로 갖추고 있다면 그 결과를 신뢰하는 편이 현실적으로는 현명하다. '임의화는 아니니까'라는 비판은 이제 무용지물이다. 이런 이치는 역학 이외의 정책, 교육, 경영 등과 관련되는 통계학적인 관찰 연구에 대해서도 똑같이 적용된다.

참고로 〈뉴잉글랜드 저널 오브 메디신〉이라는 세계에서 가장 영향력 있는 의학 잡지에는, 2000년에 '동일한 인과관계를 분석하려는 의학 연구에서 과연 역학 연구는 임의화 비교실험과 비교해 뒤떨어지는 것일까?'라는 주제의 글이 게재되었다. 그 글의 취지는 90년대 전반의 주요 의학 잡지에 실린 논문을 비교 검토한 결과, 역학 연구를 통해 나타난 위험도는 '임의화 비교실험과 견줘볼 때 결과에 그다지 큰 차이는 없다'이다. 그 이유로서 '고도의 통계 기법을 통해 조건을 적절히 조정할 수 있기 때문'이라는 점을 들고 있다.

임의화 비교실험을 도입하기 어려운 상황이라면, 비교적 저예산으로 신속하게 데이터를 수집할 수 있는 역학적 방법을 이용하는 것이 현실적으로는 더 유리하다. 게다가 우리 사회에는 역학적 방법을 활용할 수 있는 경우가 얼마든지 많다.

19
'평범으로의 회귀'를 분석하는 회귀분석

비교 대조분석 연구는 데이터를 모으기 위해 애써 방법을 궁리하지 않아도 되는데, 이와 마찬가지로 '공정한 비교'를 가능하게 하는 더욱 고도한 기법이 있다. 그중 하나가 사회과학 분야에서 가장 자주 이용되는 '회귀분석'이다.

대학 과정의 통계학 교과서를 보면 t검정, 카이제곱검정, 분산분석, 회귀분석 등의 용어가 반드시 등장한다. 이들 통계 기법은 모두 '일반화 선형모델Generalized linear model'이라는 광의의 회귀분석 개념으로 한데 묶어 이해할 수 있는데, 1972년 넬더John Nelder, 1924~2010와 웨더번Robert William Maclagan Wedderburn, 1947~1975이라는 2명의 통계학자에 의해 제창되었다. 데이터 간의 관련성을 나타내고 그것이 오차라 할 수 있는 범위인지 검정하는 기법은 모두 폭넓은 의미로 볼 때 회귀분석의 일종이다.

그런데 왜 회귀분석이라는 것이 필요할까. 우리는 데이터를 이용하지 않아도 경험을 통해 경향이나 법칙을 이해할 수 있다. 그것을 '징크스'니 '이론'이니 '성공 방정식' 등이라 부르는 사람들도 있다.

회귀분석이 왜 필요하냐는 질문의 대답은 '회귀'란 도대체 무슨 뜻인지 밝히는 것과 관련되어 있다. 여기에서는 '회귀'라는 현상이 발견된 역사부터 설명하고자 한다.

키 작은 노무라의 연애

나는 처음 회귀분석 이야기를 들었을 때, 고등학교 시절 친구인 노무라가 떠올랐다. 당시 그는 자기보다 키 작은 여자하고만 교제하려고 들었다. 자신의 몸집이 작아서인지 상대방 여자도 꼭 기준을 정해놓고 만났다. 그때 함께 어울리던 친구 중에 고바야시라는 키가 170센티미터 되는 여자도 있었지만, 그런 여성은 무조건 연애 제외대상이었다.

나는 학교에서 찰스 다윈의 진화론을 배운 일도 있고 해서 노무라 같은 남자 때문에 인류는 두 종류로 나뉘어버리지는 않을까 걱정이 들기도 했다. 잠깐 다윈의 진화론에 대해 짚고 넘어가면 다음과 같은 내용으로 요약할 수 있다.

- 생물의 개체는 같은 종이라도 미묘하게 다르다.

- 개체의 특징은 부모에게서 자녀로 유전된다.
- 특징 중에는 생존이나 번식에 유리한 것도 있다.
- 생존이나 번식에 유리한 특징을 지닌 개체는 세대를 거칠 때마다 증가한다(반대로 불리한 특징을 지닌 개체는 도태된다).
- 어떤 특징이 번식이나 생존에 유리한지는 환경에 따라 다르다.

위에서 알 수 있듯이 생물은 세대를 거칠 때마다 환경에 적합한 특징을 가지게 된다. 다윈은 배를 타고 세계를 일주하는 동안 다양한 종의 생물을 접하고 연구했는데 같은 종의 작은 새라도 미묘하게 부리의 형태가 다른 것을 발견하고 그 연구의 결과로 진화론이라는 개념을 세운 다음 자신의 저서인 《종의 기원On the Origin of Species》에 담았다.

만약 노무라 같은 생각이 팽배해, 키 큰 여성은 자기보다 큰 남성하고만 결혼하고 키 작은 남성은 자기보다 작은 여성하고만 결혼한다고 해보자. 당연히 키 큰 부모의 아이들은 더 키가 커지고, 키 작은 부모의 아이들은 단신으로 자랄 것이다.

이런 식의 유전이 반복되면 인류의 신장은 머지않아 양극화되지 않을까? 말과 당나귀가 근연종이면서 몸집이 다른 생물로 나뉘게 된 배경에도 이런 이치가 작용했을지 모른다.

이를 고교생의 망상 따위로 치부할 수만은 없다. 피셔를 포함한 그 시대의 통계학자 대부분은 이런 가설을 진지하게 받아들였다. 그래서일까, 당시 사용된 통계학적 기법의 상당수가 진화론적 사고방식을 검증하기 위해 생겨났다고 해도 무방할 정도이다. 피셔가 멘델의 연구를 트집 잡았던 것도, 그 자신이 통계학자이면서 동시에 유전학이나 생물학 연구에도 관심이 있었기 때문이다.

다윈의 사촌형제와 우생학

생물을 분석하기 위한 통계학의 체계를 만든 것은 다윈의 사촌형제인 프랜시스 골턴Francis Galton, 1822~1911이다. 그는 고교생 무렵의 나와 마찬가지로,라고 하면 매우 주제넘은 표현인지는 몰라도 아무튼 그의 통계학에 대한 관심 역시 다윈의 진화론으로 촉발되었다.

골턴은 어떻게 진화론을 인간에게 응용해야 할지 생각했고 1883년 저술한 《인간 지성과 그 발달Inquiries into Human Faculty and its Development》을 통해 '환경에 더 적합한 인종이나 혈통에 우선적으로 더 많은 기회를 제공해야 한다'는 주장을, 우생학*에 근거해 제시하고는 그것을 마땅히 인류가 목표로 삼아야 할 정의라고 생각했다.

우생학에 따르면 인간의 지성은 유전에 의해 결정된다. 따라서 지성이 낮은 인간은 적극적으로 도태시키고 똑똑한 인간이 되도

* Eugenics, 인류를 유전적으로 개량할 것을 목적으로 하여 여러 조건을 연구하는 학문.

록 많은 자손을 남기도록 하면 인류가 끊임없이 발전할 것이라 보았다. 그의 사상은 한동안 미국과 유럽에서 대유행한다. 19세기 유럽에는 여전히 귀족과 노동자 사이에 계급 격차가 존재했기 때문이다. 기득권을 지키고 싶었던 귀족층에게 골턴의 우생학이야말로 자신들의 우월함을 과시하는 명분이 될 수 있었다. 우생학에 근거할 때, 귀족은 '환경에 적합하고 지능이 뛰어난 혈통'이기 때문에 그들이 대우를 받고 자손만대로 번영해야 전 인류에 도움이 된다고 볼 수 있다. 심지어 골턴의 주장은 귀족이 정부의 세제와 사회보장 정책을 비판하는 근거로 활용되기도 했다. 우생학에 의하면, 부유층에 높은 세금을 징수해 빈곤층을 구제하는 사회제도는 인류의 진화를 막는 악의 근원이기 때문이다.

오늘날 우생학이 터부시되는 것은 나치가 골턴의 주장을 이용해 '열등 인종' 학살의 빌미로 삼았기 때문이라는 설도 있다. 참고로 50년 전만 해도 미국에서조차 지적장애자나 성범죄자의 유전자를 없애려는 이른바 '단종법'이 인정되기도 했으니 나치만을 손가락질할 수는 없을 것이다. 이 같은 법률은 일찍이 온 세상에 존재하고 있었으며 그 배후에는 많든 적든 우생학의 영향이 있었다.

'평범으로의 회귀'의 발견

그러나 '꼭 그렇게 되지만은 않는다'는 사실을 골턴 자신이나 골턴의 제자들이 직접 연구를 통해 실증했다. 골턴은 인간 지성에 관한 유전법칙에 관심이 있었는데, 프랑스의 심리학자 비네Alfred Binet, 1857~1911가 이른바 IQ의 근본이 되는 지능검사를 발명하는 것은 좀 더 훗날의 이야기이다.

오늘날 IQ라는 말은 당연한 듯 사용되지만, 지성이라는 볼 수도 만질 수도 없는 추상적인 개념의 측정은 근대 이후 심리학이나 통계학의 발달에 따라 비로소 가능해졌다. 골턴이 지성을 통계 해석하려고 해도 당시에는 데이터 자체를 얻을 수 없었다. 그래서 골턴은 약 1000그룹의 부모와 자식의 키를 측정해 '우수한 부모에게서 우수한 자녀가 태어난다'는 현상을 실증하려고 했다. 그 결과를 나타낸 것이 〈도표 19〉이다.

도표 19 1000 그룹의 가족 키 조사

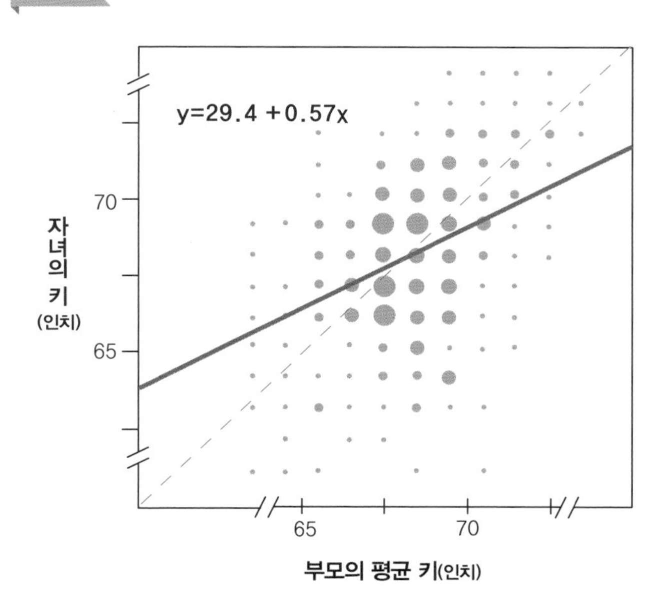

가로축에 부모의 평균 키, 세로축에 자녀의 키를 각각 인치 단위로 표시했으며 동그라미의 크기는 해당하는 인원수가 많고 적음을 나타낸다. 그리고 점선은 '부모의 평균 키 = 자녀의 키'라고 가정한 이론상의 관계를 나타낸다. 그보다 기울기가 완만한 실선은 실제 데이터의 중심을 통과하는, 다시 말해 '부모의 키로부터 자녀의 키를 가장 적은 오차로 예측한' 직선이다. 이 직선은 $y = 29.4 + 0.57x$라는 수식으로 표현할 수 있다. 1인치는 2.54cm이니 이것을 센티미터 단위로 표기하면 $29.4 \times 2.54 = 74.7$이 되므로 다음과 같은 계산식이 성립된다.

자녀의 키(cm) = 74.7(cm) + 0.57 × 부모의 평균 키(cm)

이처럼 데이터의 관계성을 기술하는 것, 다시 말해 하나의 변수로 다른 변수의 값을 예측하거나 설명하는 것을 회귀분석이라 하며 이 수식의 직선을 회귀직선이라 부른다. 중요한 의미를 갖는 것은 실제의 조사결과를 보여주는 실선인데, 이를 통해 점선으로 그려진 이론상의 관계성과의 차이를 알 수 있다.

그래프의 좌측, 즉 부모의 키가 평균보다 작은 그룹에서는 이론상의 관계성을 나타내는 점선보다 실제의 관계성을 나타내는 실선 쪽이 높다. 한편 그래프의 우측, 즉 부모의 키가 평균보다 큰 그룹에서는 실제의 관계성을 나타내는 실선 쪽이 낮다.

부모와 자녀의 키가 닮는 것은 과거 경험을 통해 누구나 알고 있는 사실이다. 그러나 키 큰 부모의 자녀일수록 실제로 그만큼 크지는 않고 키 작은 부모의 자녀도 실제로는 그다지 작지 않다는 결과는 골턴이 데이터를 분석해 보일 때까지는 거의 생각조차 하지 못했다.

이러한 현상을 골턴은 '평범으로의 회귀'라 했는데, 나중에 그의 제자나 골턴의 영향을 받은 다른 통계학자들에 의해 '평균값으로의 회귀'라 불리게 되었다. 실제 데이터는 이론상으로 추측한 값보다 '평균값에 가까워진다'는 의미이다.

이것을 앞에서 예로 든 내 친구에 빗대어 말한다면, '몸집이 작은 노무라의 아들은 노무라보다 키가 크다' 또는 '키 큰 고바야시의 딸은 고바야시보다 키가 작다'가 될 가능성이 높다는 뜻이다.

키는 측정 오차가 적고 유전적 요소가 강한데도 이런 결과가 나오는데, 지능에 대해서라면 무슨 말이 더 필요하겠는가. 지능이 높은 부모에게서 태어난 자녀가 평균지능도 높다고 생각할지 모르지만, 반드시 그렇다고 추정할 수 있는 통계해석은 아직까지 세상 어디에도 없다. 그러므로 인류는 양극화 방향으로 진화할 일이 없으며 유전이나 인종에 근거해 인간을 차별할 이유 또한 전혀 없다.

'평균값으로의 회귀' 현상이 일어나는 이유는 무엇일까. 신장, 지능 혹은 생물의 특징에만 국한되지 않고 이 세상의 모든 현상에는 다양한 '불규칙성'이 있기 때문이다. 조금 구체적인 사례로 올림픽 대표 선발을 생각해보자.

보통 올림픽 대표로는 최근 대회 기록이 뛰어난 선수를 선발하지만, 실제 올림픽에 나가서는 기대만큼 좋은 성적을 내지 못하는 경우가 종종 있다. 이 역시 평균값으로의 회귀의 일례이며, 스포츠 결과가 불규칙성을 가지고 있기 때문에 생기는 현상이다.

스포츠 결과는 실력만으로 결정되지 않는다. 100미터 달리기처럼 단순한 경기조차, 대회마다 기록은 천차만별이다. 만일 그 불규칙성을 좌우하는 것이 컨디션이라 한다면, 올림픽 직전 대회에서 우연히 좋은 기록을 냈던 사람의 상당수는 당시 본인조차도 상상하기 힘들 정도로 최고의 컨디션이었을 가능성이 높다. 하지만 이 기록을 바탕으로 실전 결과를 예측하는 것은 '때마침 기적이 두 번 일어난다'는 것을 믿고 좋은 결과를 바라는 마음일 뿐이다. 그런 선수들이 실전에서는 기적적인 호기록보다 '평균값으로 회귀'할 가능성이 높다. 물론 반대로 대회 직전에는 몸 상태가 안 좋았더라도, 정작 본 대회에서는 평균값으로의 회귀가 역방향으로 나타날 수도 있다.

올림픽의 기적이라 불리는 극적인 전개 중 몇 퍼센트는 단지 이런 평균값으로의 회귀에 의해 설명될 수 있을지도 모른다. 그러므로 몸상태를 가다듬어 불규칙성을 없애거나, 불규칙성에 좌우되지 않을 정도로 압도적인 실력을 쌓는 것이 중요하다.

골턴과 그의 제자들로부터 우리가 반면교사로 삼아야 할 내용은, 불규칙성이 생기는 현상에 대해서는 이론적인 예측을 제대로 못한다는 점이다. 따라서 올바른 데이터를 모아 회귀분석을 할 필요가 있다.

그렇다고 회귀분석을 통해 '가장 그럴듯한 예측결과'를 얻은 것만으로 만족해서는 안 된다. 그 예측결과는 데이터와의 오차를 최소화하는 방법으로 얻어졌다고는 해도 여전히 오차가 존재할 가능성은 남아 있다. 오차를 무시한 분석은 단지 독장수 셈이 될 수도 있다고 이미 앞에서도 설명한 바 있다.

그렇다면 어떻게 생각해야 할까?

사실 그 열쇠는 피셔가 통계학에 도입한 임의화 비교실험 이외의 또 하나의 분석기법에 있다. 다음에서는 천재 피셔가 쌓아올린 또 다른 업적에 대해 살펴보기로 한다.

20
천재 피셔의 또 다른 업적

나는 대학시절 실험 실습 때 '모눈종이 위에 그린 점의 중심을 통과하는 직선을 긋고 기울기를 구하시오' 하는 방식의 리포트를 종종 제출했다. 100년 전에 자주 이용되던 아날로그 방식의 분석 기법인데, 골턴은 여기에 수학적인 뒷받침을 좀 더 가미했다. 그러나 골턴의 회귀분석은 '데이터의 중심을 통과하는 직선과 그것을 나타내는 수식'을 도출하는 것이 전부였다. 그렇기 때문에 〈도표 20〉, 〈도표 21〉의 두 그래프가 가리키는 상황을 골턴의 회귀분석만으로는 판별할 수가 없다.

이 두 그래프에서 회귀분석을 통해 얻어진 중심을 통과하는 직선식, 즉 회귀식은 $y = 18 + 0.8x$이다. 다시 말해 x축 값이 1 증가하면 y축 값이 0.8씩 증가하는 양의 관계에 있다고 볼 수 있다. 이때 이 18이니 0.8이니 하는 '회귀식'을 표현한 수치는 각각 회귀계수라

도표 20 **불규칙성이 작은 회귀분석의 예**

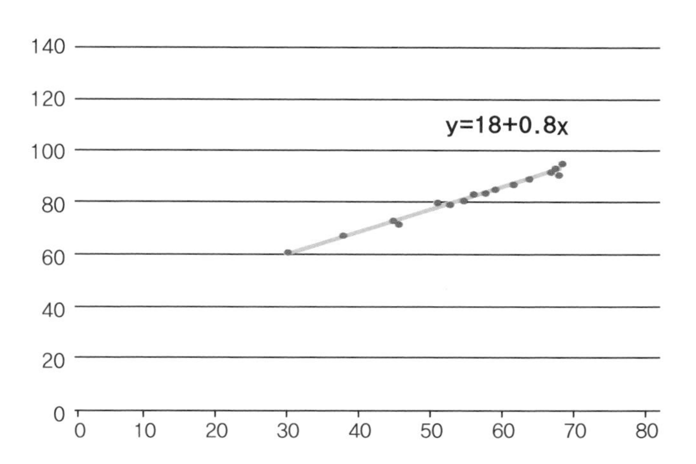

도표 21 **불규칙성이 큰 회귀분석의 예**

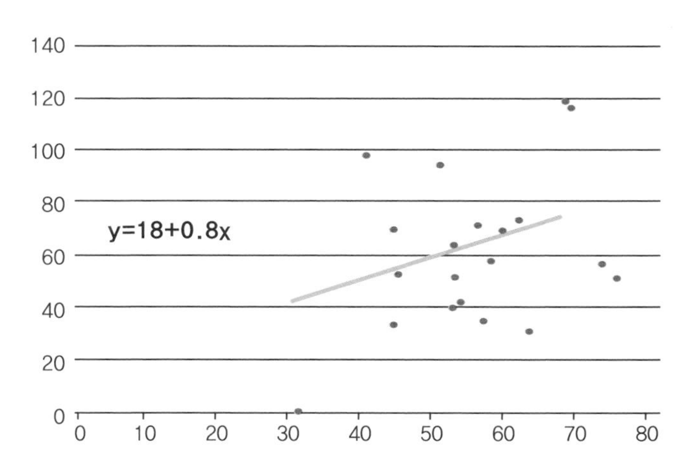

불린다. 중학교 수학시간에 배웠듯이 18을 절편, 0.8을 기울기라 해도 상관없다.

그러나 동일한 회귀식 혹은 회귀계수를 가지면서도, 〈도표 21〉의 그래프는 그 관계성이 〈도표 20〉과 비교해 그다지 분명하다고 볼 수는 없다. 아무래도 여기저기 흩어진 점의 중심을 통과하는 직선을 그럭저럭 그려냈다고 해서 기뻐할 수만은 없을 것 같다.

그렇다면 이 그래프는 도대체 어디가 다를까?

시험 삼아 두 그래프에 있는 20개의 점들 중에서 임의로 3개 정도를 제거해보자. 〈도표 20〉의 그래프는, 만일 어느 세 점을 제거하더라도 얻어지는 직선이 거의 달라지지 않는다. 그러나 〈도표 21〉의 그래프에서는, 제거하는 세 점이 우연히 가장 우측 상단에

도표 22 미세한 데이터 수의 변화로 관계성이 역전되었다

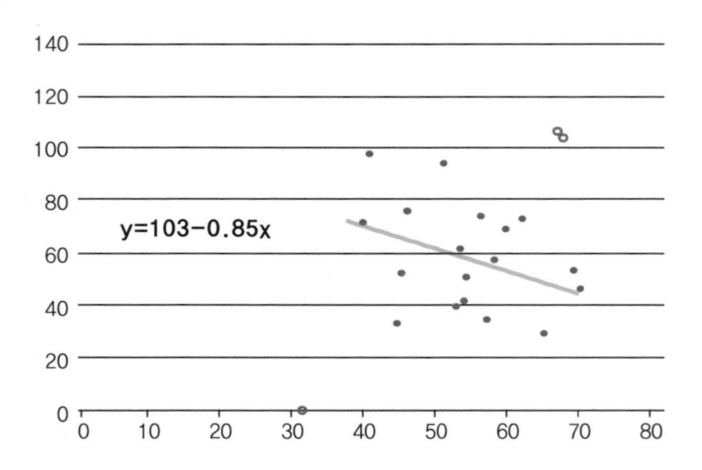

위치하는 두 점과 좌측 하단의 한 점이었다면 중심을 통과하는 직선의 양상은 크게 달라진다.

이 경우의 회귀식은 $y = 103 - 0.85x$이다. 즉 3개의 점이 없어짐으로써 변수간의 관계성이 역전되어 x값이 1 증가할 때마다 y는 0.85씩 감소하는 관계가 되는 것이다.(도표 22)

이런 상태로는 위 회귀분석 결과를 이용해 y를 증가시키고 싶더라도 x를 늘려야 할지, 줄여야 할지 전혀 분간이 되지 않는다. 비즈니스에 빗대어 말하자면 매출(y)을 늘리기 위해 광고를 늘려야 할지, 줄여야 할지 잘 모르는 상황이 된 것이나 마찬가지이므로 이 해석 기법은 그다지 의미가 있다고 할 수 없다.

회귀계수 자체에 불규칙성이 있다

위에서는 20개 중 임의의 3개를 제거하는 경우를 생각해보았다. 하지만 본래 20개의 데이터 자체는 현실적으로 볼 때 '자연계로부터 무한히 얻을 수 있는 데이터 중 우연히 얻어진 것'이다. 만일 처음부터 17개의 데이터를 '우연히' 입수했다면, 먼저 예로 든 것처럼 양의 관계성을 나타낼 수도 있고 〈도표 22〉처럼 음의 관계성을 나타낼 수도 있다.

그래서 현대 통계학에서는, 실제로 얻어진 데이터 자체에 불규칙성이 존재할 뿐만 아니라, 얻어진 회귀계수 자체에도 불규칙성이 존재한다고 판단한다. 만일 앞으로 100번 '우연히 얻어지는 데이터'에서 회귀계수를 계산한다면, '비교적 큰 값이 될 수도 있고 작은 값이 될 수도 있다'는 식의 불규칙성을 고려해야만 하는 것이다.

회귀계수에만 국한되지 않고 데이터의 평균값처럼 단순한 것일지라도, 몇 번이고 데이터를 수집해 무슨 값(이것을 통계량이라고 부른다)이든 계산하면 매번 산출되는 통계량은 달라지게 마련이다.

여기서 반드시 주의해야 할 사항은, 예를 들어 한 초등학교의 4학년 학급생 40명 전원의 학습 데이터로부터 회귀계수나 평균치를 산출할 경우에도, 이러한 통계량의 불규칙성을 꼭 염두에 둬야 한다는 점이다.

뉴딜정책의 실업률 조사와는 달리 전원의 데이터가 확보되어 있으므로 회귀계수는 반드시 하나의 값으로 정해진다. 따라서 이 회귀계수를 학급생 40명에게만 적용시켜 사용한다면 거기에는 아무런 오차도 존재하지 않는다. 그러나 모처럼 데이터를 모아 분석했는데도 이 결과는 학급 관계자 이외의 사람들에게는 아무런 의미가 없다.

그들 이외의 사람들에게 만난 적도 없는 40명 아이들의 성적이야 아무래도 상관없다. 하지만 동년대 아이들 성적이 어떤 요인에 영향을 받는지 알 수 있다면 관심을 갖는 사람들이 더 늘어난다. 즉 진정으로 알고 싶은 값은 '같은 연령대의 아이들 전원'이라는 집단의 회귀계수이며, 한 초등학교 학생 40명은 그저 우연히 얻어진 데이터의 '일부'에 불과할 뿐이다.

이런 점을 생각할 때, 인간이 진정 알고 싶은 것은 대부분 알고자 하는 노력이 비현실적인 경우가 많다는 사실을 알 수 있다.

세상에는 두세 번 실연한 정도로 '여자는 모두 거짓말쟁이다'라고 판단하는 사람이 있을지 모른다. 그 발언의 사실 여부를 오차 없이 확인하려면, 약 30억 명 정도의 여성(세계 인구를 60억으로 잡았을 때의 절반) 전원이 거짓말을 하는지 주의 깊게 살펴봐야 한다. 또 설령 '2012년 시점에서 여성 전원이 거짓말쟁이였다'는 사실을 알았을지언정, 앞으로도 모든 여성이 거짓말쟁이라고는 말할 수 없다. 인간의 성격이나 생각은 자주 바뀌므로, 2013년 시점부터 거짓말쟁이가 아니게 된 여성이 없다고 장담할 수는 없기 때문이다.

통계학자도 이해하지 못했던 '참값'의 의미

피셔는 '무한한 크기의 데이터를 얻으면 마땅히 알게 되는, 진정으로 알고 싶은 값'을 참값이라 정의했다. 그리고 우연히 얻어진 데이터를 통해 계산한 통계량이 어느 정도의 오차로 참값을 추정할 수 있는지 수학적으로 정리함으로써 무한정 데이터를 모으지 않고도 적절한 판단이 가능하다는 생각을 피력했다.

현실의 데이터로부터 얻어지는 회귀계수 등의 통계량은 어디까지나 이 참값에 대한 추정치이다. 단지 가장 타당한 값을 추정하는 데서 그치는 게 아니라, 참값에 대해 어느 정도의 오차를 가지는지 판단하면 잘못된 결정을 내릴 위험성을 최소한으로 줄일 수 있다. 이것이야말로 임의화 비교실험에 버금가는 피셔의 또 하나의 큰 업적이다.

당시의 통계 전문가들은 대부분 실제로 얻어지는 데이터, 즉 '구체적인 자료'에 얽매여 있었다. 거기에서 얻어진 회귀계수나 평균값은 앞에서 예로 든 '40명 전원에게서 얻어진 결과'와 마찬가지로 절대적인 단 하나의 값이라고 생각했다. 그러니까 추상적인 참값이나 추정치의 오차라는 피셔의 생각을 정확하게는 이해하지 못했던 것 같다. 그렇게 되면 방금 전에 살펴보았던 두 그래프의 회귀분석의 차이를 해석할 수 없다.

주어진 데이터에서 평균값을 구하는 계산은 초등학생이라도 할 수 있다. 데이터를 전부 더한 다음 데이터의 수로 나누면 된다. 하지만 '산출된 평균값은 이론상 이러한 불규칙성을 가지고 있습니다' 하며 알쏭달쏭한 그래프를 보여주면, 보통은 과거의 통계학자들처럼 의미를 이해하기가 힘들지도 모른다.

그렇더라도 앞에서 다뤘던 오차범위에서 설명되는 값의 증감에 일희일비하던 A/B 테스트의 예에서처럼 본래는 무익 혹은 유해한 것을, 그저 우연히 얻어진 회귀계수에 근거해 추정하는 어리석은 행동은 안 하는 편이 낫다. 즉 기울기의 참값이 0인데, 얻어진 데이터의 불규칙성에 따라 우연히 양의 회귀계수를 구했다고 해서 그 결과에 근거해 전략을 정하는 것은 자칫 큰 실수로 이어질 수도 있다. 광고를 늘린들 아무런 의미도 없는 상황에서, '회귀분석 결과, 광고량을 늘릴수록 매출이 오르는 것을 알았어!'라고 판단해버리면 큰 손해를 입을 가능성이 있다.

다행히 추상적 사고에 약한 사람에게도 현대 통계학은 강력한 도구가 될 수 있다. 요즘은 수학적 이해가 부족한 사람을 위해서 추정치, 오차, p-값 등을 손쉽게 산출해주는 소프트웨어도 널리 보급되어 있다. 이러한 도구를 통해 출력되는 결과물을 보고 기본적인 의미만 파악할 줄 알면 사용하는 데 큰 문제는 없다.

예를 들어 〈도표 20〉, 〈도표 21〉 두 그래프의 회귀분석 결과에 오차를 고려한 내용을 포함시키면 〈도표 23〉, 〈도표 24〉처럼 바뀐다. 〈도표 23〉에서는 절편의 표준오차가 1.5, x의 기울기에 관한 표준오차가 0.03이니 회귀계수의 추정치에 비해 꽤 작다. 신뢰구간을 봐도, 각각 14.9~21.2 혹은 0.7~0.9의 범위에 참값이 있다고 보면 된다.

또 만일 회귀계수의 참값은 0, 즉 x와 y 사이에 아무 관련성이 없다면, 회귀계수가 우연히 데이터의 불규칙성에 의해 생길 확률인 p-값은 0.001 미만, 즉 0.1% 미만이 된다. 이로써 무엇인가 양의 관계를 가진다고 판단하는 것이 옳다는 결론이 얻어진다.

도표 23 오차를 포함시킨 도표 20 그래프의 회귀분석 결과

변수	회귀계수 추정치	표준오차	95% 신뢰구간	P-값
절편	18	1.5	14.9 ~ 21.2	< 0.001
X	0.8	0.03	0.7 ~ 0.9	< 0.001

도표 24 오차를 포함시킨 도표 21 그래프의 회귀분석 결과

변수	회귀계수 추정치	표준오차	95% 신뢰구간	P-값
절편	18	35	−55.5 ~ 91.5	0.61
X	0.8	0.6	−0.5 ~ 2.1	0.23

한편 〈도표 24〉의 회귀계수 오차를 보면 절편의 표준오차가 35, x의 기울기를 나타내는 회귀계수에 대해서는 표준오차가 0.6으로, 회귀계수의 추정치와 거의 같거나 그 이상의 값을 보였다. 이때 x의 기울기에 대한 신뢰구간은 - 0.5~2.1로, '양의 값인지, 0인지, 음의 값인지' 전혀 예측할 수 없다. p-값을 보더라도 당연히 5% 이하일 리는 없고, 만일 회귀계수의 참값이 0이어도 절편에 대해서는 61%, x의 기울기에 대해서는 23% 정도의 확률을 보인다. 이 정도의 결과는 데이터의 불규칙성에 의해 언제든 생길

수 있다.

이와 같이 회귀계수의 오차나 신뢰구간의 값을 읽고 해석할 수 있으면 여러분의 통계 리터러시는 훨씬 업그레이드된다. 앞에서도 말한 것처럼 데이터 간의 관련성을 분석하고 혹은 축적된 데이터로부터 어떤 결과를 예측하는 것이 통계학의 가장 큰 목적이며, 이때 이용되는 기법은 대부분 광의의 회귀분석이기 때문이다.

정책, 교육, 경영, 공중위생 등 모든 분야의 연구 결과는, 앞에서 제시된 도표처럼 회귀계수와 신뢰구간 그리고 *p*-값의 형태(혹은 그 일부의 형태)로 기술되어 있다.

| 회귀분석 기초 용어 |

용어	설명
회귀계수의 추정치	절편과 기울기(x)는 모두 데이터로부터 산출된 값이지만 어디까지나 데이터에 근거해 '참값'을 추정한 결과라는 점에 주의.
표준오차	추정치의 오차 크기. 회귀계수의 추정치와 비교했을 때 크게 나타나면 그다지 신뢰할 수 없지만, 이 값 자체를 문제로 삼기보다는 신뢰구간에서 생각하는 편이 낫다.
95% 신뢰구간	'회귀계수가 0'의 경우뿐만 아니라 다양한 회귀계수를 상정해, '*p*-값이 5% 이하의 참값으로서 존재할 수 없는 값'이 되지 않는 범위. '거의 이 범위 안에 참값이 있다'고 생각해도 무방하다. 가령 100번의 서로 다른 조사를 했을 때 지금 얻은 수치의 구간이 95번 정도는 포함된다.
P-값	회귀계수가 0이었을 경우 단지 데이터의 불규칙성 때문에 이 정도의 회귀계수로 추정될 수 있는 확률. 일반적으로 5%를 웃돌면 '회귀계수 0으로 생각하기는 어렵다'라고 판단하게 된다.
절편	좌표 평면상의 직선이 x축과 만나는 점의 x좌표 및 y축과 만나는 점의 y좌표를 통틀어 이르는 말.
t검정	t분포를 사용한 검정의 방식으로, 2개의 정규분포에 따르는 모집단 N(μ1, σ21), N(μ2, σ22)에서 추출된 표본자료로부터, 모평균 μ1, μ2가 같은가 아닌가를 검정하거나, 하나의 정규 모집단에서 추출된 표본 자료로부터 계산되는 표본평균이 모평균에 같은가 아닌가를 검정하는 등에 사용하는 일이 많다.

21
통계학의 이해도를 높여주는 단 한 장의 도표

회귀분석은 그 자체만으로도 유용한 도구이지만, 이 세상에 존재하는 수많은 통계학적 기법을 '광의의 회귀분석'으로서 통일적으로 이해하면 그 응용범위는 한층 더 넓어진다.

통계학자들은 '광의의 회귀분석'을 일반화 선형모델이라 부른다. '선형'이란 회귀분석과 같이 직선적인 관계성을 나타낸다. '방법이 여러 가지 있는데도 결국 회귀분석을 하는 걸 보면 일반화해서 정리할 수 있겠군요?'라는 말에 일반화 선형모델의 의미가 함축되어 있다고 봐도 좋다.

내 방식의 분류법으로 볼 때 기초 통계학 교과서는 크게 둘로 나뉜다. 하나는 일반화 선형모델의 관점을 활용하지 않는, 피셔 시대에 만들어진 기법을 '별개의 것'으로 소개하는 책이며, 다른 하나는 '기본적으로는 같은 것'으로 취급하고 마치 조감이라도 하듯

폭넓게 설명하는 것이다.

전자의 방법대로 배우면 이런 비극이 자주 생긴다. t검정이나 회귀분석 등 명칭의 유래도 모르고 규칙성도 모르는 채 이것저것 개별 기법들만 열심히 배우고 익혀, 결국 언제 무엇을 사용해야 할지 아무것도 모르고 졸업하는 경우이다. 그런 학생들은 시험문제는 잘 풀어 학점은 받았지만 나중에 통계학에 대해 다시 생각할 때마다 고개를 갸웃거리게 된다.

그러나 후자처럼 '기본적으로는 같은 것'으로 보고 어떻게 구분해 사용하는지, 무엇을 살펴보면 좋은지를 단 한 장의 도표로 정리해두면 어떻게 될까? 통계학을 이해하기 위한 수고는 엄청나게 줄어들고 분석의 정확도는 높아질 것이다.

단 한 장의 도표가 바로 〈도표 25〉이다.

이 책에서는 통계학의 목적으로 공정한 비교를 바탕으로 어떻게 차이의 발생요인을 찾는지 여러 차례 언급했는데, 어떤 분석축

도표 25 일반화 선형모델을 정리한 단 한 장의 도표

<table>
<tr><td colspan="2" rowspan="2"></td><td colspan="4">분석축(설명변수)</td></tr>
<tr><td>두 그룹 간의 비교</td><td>다그룹 간의 비교</td><td>연속값의 크기로 비교</td><td>복수의 요인으로 동시에 비교</td></tr>
<tr><td rowspan="2">비교하고 싶은 것 (반응변수)</td><td>연속값</td><td>평균값의 차이를 t검정</td><td>평균값의 차이를 분산분석</td><td>회귀 분석</td><td>다중회귀 분석</td></tr>
<tr><td>있음/없음 등의 두 값</td><td colspan="2">분할표의 기술과 카이제곱검정</td><td colspan="2">로지스틱 회귀</td></tr>
</table>

으로(이것을 설명변수라고 부른다), 어떤 값을 비교할지(이것은 반응변수라고 부른다)만 정해지면 이용 가능한 기법은 손쉽게 선택할 수 있다. 반복하지만 〈도표 25〉는 바로 '일반화 선형모델'이라는 광의의 회귀분석이다.

'단 한 장의 도표'의 사용법

고객 1인당 매출이라는 변수는 0엔에서 1엔 단위로 증가하는 연속값이다. 이것을 반응변수로서 두 그룹(예를 들어 남녀별 차이 등) 간에 비교하려면 각각의 평균값을 기술하고, t검정에 의해 얻어진 평균값의 차이가 오차범위에 들도록 p-값이나 신뢰구간을 표시하면 된다. 또 가게 방문 횟수도 연속값으로 나타나는데, 방문 횟수가 많은 사람일수록 물건도 많이 사는지 비교하고 싶다면 방문 횟수를 설명변수, 구매금액을 반응변수로 잡아 회귀분석을 하고 회귀계수의 추정치, 신뢰구간, p-값을 각각 표시하면 된다.

반면에 '구매 유무'나 '가게 방문 유무' 등은 단 2개의 값, 즉 '있음', '없음'으로 나타낼 수 있다. 이러한 반응변수를 두 그룹 혹은 셋 이상의 다그룹(예를 들어 연령대별 카테고리 등)에서 비교하고 싶으면, 분할표에서 각 그룹의 구매비율이나 가게 방문 비율 등을 기술한 다음, 카이제곱검정에 의해 '오차범위라 할 수 있는지 없는지(유의한)'를 나타내는 p-값을 표시하면 된다.

이때 연속값도 아니고 두 값도 아닌 경우 다소 까다롭게 여길 수 있는데 이 역시 실용적 측면에서 두 값 혹은 연속값으로 취급하는 것이 일반적이다. 예를 들어 '1. 전혀 없다', '2. 그다지 없다', '3. 가끔 있다', '4. 자주 있다' 등의 설문조사 항목에는 1 → 2 → 3 → 4 같은 순위나 방향성이 존재한다. 이런 경우는 1~2인지, 3~4인지 나눠 두 값의 변수로 취급하는 것이 하나의 방법이다. 아니면 '자주 있다'와 '기타'의 두 값으로 분류해도 전혀 상관없다. 이밖에 1~4의 값을 그대로 연속값으로 놓고 분석하는 방법도 실제 자주 이용된다.

한편 일본인이 지지하는 정당 같은 것은 명확한 순서성이나 방향성이 없다. '자유의사'에 따라 아무 말이나 직감적으로 할 수 있고 또 정책에 따라 바뀔 것이다. 게다가 일본인은 지지정당을 '자유의사'에 따라 결정하지만은 않는다는 요소도 있다. 이런 경우라면 '자민당을 지지하는가', '민주당을 지지하는가'와 각 정당에 대한 지지의 유무라는 두 값의 변수로 변환한 상태에서 해석하는 것이 일반적이다.

카테고리가 셋 이상 되는 변수에 대해서는 당연히 더 까다로워진다. 그렇지만 이 '단 한 장의 도표'만으로 거의 모든 데이터의 관련성을 분석하거나 결과를 예측할 수 있으니 참으로 단순하면서도 강력한 도구이다.

어떤 방법으로도 같은 p-값이 얻어지는 이유

추가적으로 말하자면, 가장 오른쪽의 '복수의 요인으로 동시에 비교'할 때의 기법을 하나의 설명변수밖에 없는 경우에 사용해도 상관없다. 그럴 경우 설명변수가 그룹 간의 비교이든, 연속값이 많든 적든 전혀 문제가 되지 않는다. 즉 당연히 t검정을 해야 할 경우에 다중회귀분석을 하든(다만 이 경우 분석축이 하나뿐이므로 다중회귀분석이라 할 수 없지만), 또는 당연히 카이제곱검정을 해야 할 경우에 로지스틱 회귀분석을 하든, 그 어떤 경우에도 완전히 같은 p-값을 얻을 수 있다. 따라서 관련성을 분석하는 기법의 대부분은 광의의 회귀분석이라고 말할 수 있다.

이처럼 결과가 일치하는 것은 본래 수학적 증명을 통해 밝혀야 하지만, t검정과 회귀분석의 결과가 일치하는 정도라면 수식을 사용하지 않아도 설명할 수 있다.

〈도표 26〉은 t검정, 즉 두 그룹 간 평균값의 차이가 과연 오차 범위라고 말할 수 있는지 밝히기 위해 p-값을 산출하는 통계 기법을 나타낸 것이다. 일례로 광고 인지가 '있는 그룹'과 '없는 그룹' 가운데서 구매금액의 평균값에 차이가 있었는지 분석하는 것을 상정하고 도표의 데이터를 작성했다.

각각의 점은 각 그룹 고객의 구매금액을 나타내며, ①②로 표시된 것이 그룹의 평균값이다. t검정으로 분석하고 싶은 평균값은 ①②의 '높이'의 차이이며, 만약 이것이 데이터의 불규칙성에 의해

도표 26 t검정의 사고방식

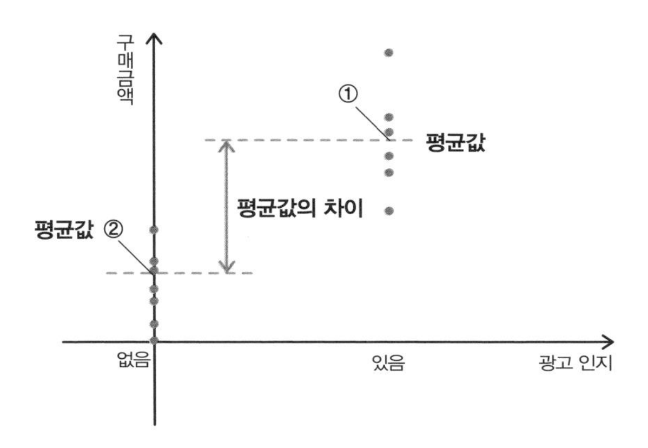

생기는 오차범위를 뛰어넘는다면 이 광고는 효과가 있다고 생각해도 좋다.

이 데이터를 가지고 회귀분석을 하면 어떻게 될까? 〈도표 27〉이 그 결과를 나타내고 있다. 회귀분석을 하려면 양쪽 다 '숫자'로 정해놓지 않으면 안 된다. 그래서 편의적으로 '광고 인지 없음'을 0, '광고 인지 있음'을 1이라 정하기로 한다.

앞에서도 말했듯이, 회귀직선이란 '데이터 중심을 통과하는 선'이므로 당연히 두 그룹의 평균값을 통과하는 직선이 얻어지면 바람직스러운 결과이다. 그리고 중학교 시절에 배워서 알겠지만, 그래프에 나타난 직선의 기울기는 '좌표의 세로로 뻗은 길이 ÷ 좌표의 가로로 뻗은 길이'로 나타낸다.

다시 말해 각 그룹의 평균값에서 이 회귀직선의 기울기를 생

도표 27 회귀분석의 사고방식

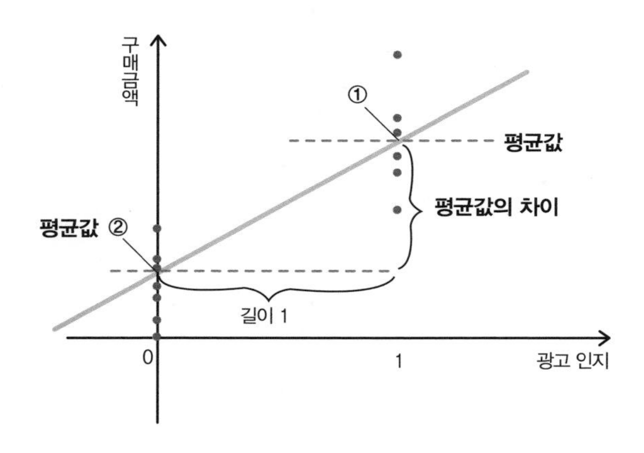

각하면, '좌표의 세로로 뻗은 길이'는 두 그룹의 '평균값 ①②의 차이'이다. 그리고 '좌표의 가로로 뻗은 길이'는 두말할 것도 없이 1 - 0, 즉 1이며 '평균값의 차이' ÷ 1 역시 '평균값의 차이'라는 말이나 다를 바 없다. 이처럼 그룹 간의 차이를 0이나 1로 표현하면 '평균값의 차이'와 '회귀계수'는 완전히 같은 값이 된다.

위에서 본래 수치가 아닌 '두 그룹' 혹은 '두 값의 변수'를 0이나 1로 표현한 것처럼, 측정 편의상 사용하는 특정 변수를 더미변수dummy variable라고 부른다. 회귀분석 표에 '남성 더미'라든가 '고령자 더미'라는 말이 있다면, 각각 '남성은 1, 여성은 0', '고령자는 1, 고령자가 아니면 0'이라는 변수를 회귀분석에 사용했다는 의미로 이해하면 된다. 그 남성 더미의 회귀계수가 5.2라고 쓰여 있다면 '여성에 비해 남성은 5.2만큼 반응변수가 큰 경향'이라 풀이하고, -4.1이라 쓰여 있으면 '여성에 비해 남성은 4.1만큼 반응변수가 작은 경향'이라 풀이하면 된다.

눈치가 빠른 독자라면 '평균값의 차이'와 '회귀계수'는 늘 일치하는 게 아니고, 오차나 불규칙성이 생길 경우도 고려할 필요가 있다는 점을 지적할지도 모른다. 하지만 그 점에 대해서는 전혀 신경 쓸 필요가 없다.

얻어진 데이터로부터 산출된 그룹 간의 평균값과 회귀계수는 완전히 동일한 t분포에 따르는 불규칙성을 가지는 것이 피셔에 의해 증명되었기 때문이다. 동일한 데이터로부터 본질적으로 같은 값(평균값의 차이와 회귀계수)을 추정하고, 게다가 이론상의 불규칙성마저 같다면 결과도 완전히 동일해지는 것이 당연하다.

이 부분을 살펴보는 것만으로 기초 통계학 교과서 한 권 분량의 설명이 끝났다고 볼 수 있는 까닭도 일반화 선형모델이라는 강력한 도구를 다루고 있기 때문이다.

학습자가 이토록 이해하기 쉬운 도구가 넬더와 웨더번에 의해 제창된 지 어느덧 40년이란 세월이 흘렀지만 아직도 일반 교과서에 실리지 않은 것은 개인적으로 무척 유감스러운 일이 아닐 수 없다.

예전에 나는 하버드 대학원생과 통계학 공부모임을 한 적이 있다. 하루는 그들과 일반화 선형모델을 주제로 이야기를 나누려고 했는데 '어째서 지금까지 아무도 이런 걸 가르쳐주지 않았을까?' 하고 반응한 것을 보면 일본 통계 교육만 문제가 아닌 것도 같다.

본래 넬더와 웨더번이 일반화 선형모델이라는 도구를 창안할 수 있었던 것은, 당시 다양한 이름의 회귀분석 기법에서 착상을 얻었기 때문으로 알려져 있다. 이제 여러분들은 다중회귀와 로지스틱 회귀가 어떻게 같고 어떻게 다른지만 알면, 앞으로 그 어떤 회귀분석 기법을 접하더라도 당황하는 일 없이 의미를 파악할 수 있을 것이다.

여담이지만, 일반화 선형모델Generalized linear model의 일부인 t검정, 분산분석, 회귀분석, 다중회귀분석(카이제곱검정과 로지스틱 회귀는 포함되지 않는다) 등은, 1968년 코엔이라는 이름의 통계학자가 넬더와 웨더번에 앞서 일반 선형모델General linear model로 처음 정리했다.

넬더는 다른 통계학자로부터 '이름이 너무 비슷하지 않습니까?'라는 질문을 받고 '솔직히 말해 좀 더 좋은 이름을 붙이면 좋았는데 하며 반성하고 있다'라며 인정했다.

전문가 이외는 이 둘의 차이에 민감해질 필요는 없지만, 앞으로 만약 '일반 선형모델'이라는 표현을 보더라도, '일반화 선형모델'의 오자가 아니라는 것만은 기억해두었으면 한다.

22
다중회귀분석과 로지스틱 회귀

일반화 선형모델을 통해 데이터 간의 관련성을 분석하거나 추측하는 해석의 대부분은, 광의의 회귀분석의 일부라는 점을 충분히 이해했으리라고 본다.

이중 다중회귀분석은 설명변수, 즉 예측하고 싶은 결과에 영향을 주는 요인이 다수 있는 상황으로 확장시킨 회귀분석이다(〈도표 25〉 '일반화 선형모델을 정리한 단 한 장의 도표' 참조). 다중회귀분석 역시 통계학에서 중요시되는 '공정한 비교'를 할 때 매우 중요한 역할을 한다. 그래서 정부의 리포트나 학자의 논문 등은 결과를 다중회귀분석이나 그것을 확장한 개념인 로지스틱 회귀로 많이 나타낸다. 현대 통계 기법의 왕도 또는 주역이라 말해도 과찬이 아닐 것이다. 여러분이 이 기법도 해석할 수 있다면 학자들과도 대등하게 논의할 수 있으리라고 본다.

그런데 왜 다중회귀분석이나 로지스틱 회귀분석을 하면 '공정한 비교'가 가능해지는 것일까?

공정한 비교를 가로막는 심슨의 패러독스

'공정한 비교'를 하지 않아 잘못된 판단을 할 수 있는 예의 하나로 심슨의 패러독스라는 것이 있다. 심슨은 이 문제를 처음 주창한 사람이다. 예를 들어 다음과 같은 경우 여러분은 어떻게 대답하겠는가?

- A고등학교와 B고등학교의 같은 학년 학생에게 똑같은 모의고사를 치르게 했다.
- 남학생끼리 비교하니 A고등학교의 평균점수가 B고등학교보다 5점 높다.
- 여학생끼리 비교하니 A고등학교의 평균점수가 B고등학교보다 5점 높다.

그렇다면 A고등학교와 B고등학교의 평균점수를 남녀 전체로 비교하면 어느 쪽이 더 높을까? 논리적으로 사고하면, 당연히 A고등학교의 평균점수가 5점 높다고 생각하게 마련이다. 그러나 '꼭 그렇다고 할 수만은 없다'라고 보는 것이 통계 리터러시의 힘이다. 그런 상황을 구체적인 수치로 나타내면 〈도표 28〉과 같다.

A고등학교의 남학생 전원의 점수를 더하면 9600점이고, 이것을 160명이라는 인원수로 나누면 평균 60점이다. 여학생은 3000점으로 이것을 40명이라는 인원수로 나누면 평균 75점이다. A고등학교의 남녀 전체 학생의 평균점수는 (9600+3000)÷(160+40)으로 63점이 된다. 같은 방식으로 계산해 얻어지는 B고등학교의 남녀 전체 학생의 평균점수는 67점이다.

남학생과 여학생의 평균점수에 차이가 있고, 또 A고등학교와 B고등학교 학생의 남녀비율에 차이가 있기 때문에 두 학교의 평균점수를 남녀 전체로 비교하면 오히려 B고등학교가 4점 높아지게 된다.

이처럼 전체 집단 간의 단순비교는 그 구성요소가 되는 소집단 간의 비교 결과와 모순되는 경우도 있다는 것이 심슨의 지적이다. 임의화를 하지 않는 역학 등의 관찰 연구에서 단순한

도표 28 심슨의 패러독스의 예

		A고등학교	B고등학교
남학생	총 득점	9600	2200
	인원수	160	40
	평균점수	60	55
여학생	총 득점	3000	11200
	인원수	40	160
	평균점수	75	70
남녀 합계	총 득점	12600	13400
	인원수	200	200
	평균점수	63	67

비교로 일견 큰 차이가 생겼더라도, 단지 A고등학교와 B고등학교의 남녀비율 같은 '구성요소'의 차이일지도 모른다. 반대로, 단순한 비교에서는 전혀 차이가 나타나지 않는 것도, 역시 '구성요소'의 차이 때문에 본래 있어야 할 차이가 감춰져 있을 뿐인지도 모른다.

앞에서 이야기했던 '폭력적인 게임과 소년범죄율'의 인과관계 분석을 떠올려보면 가정환경이라는 '구성요소'에 맞춰놓고 비교하면 별다른 차이가 없는데, 폭력적인 게임을 즐기는 그룹에 가정환경이 나쁜 아이가 더 많이 포함되어 있으면 겉보기에는 폭력적인 게임을 즐기는 쪽의 범죄율이 높아지는 결과가 나타나고 만다.

층별 해석으로 패러독스가 방지될까

그렇기 때문에 역학 등의 관찰 연구를 하는 경우에는 조건을 제대로 갖출 필요가 있다. A고등학교와 B고등학교의 성적을 남녀별로 볼 때처럼 혹은 가정환경별로 폭력적인 게임을 즐기는지 여부와 범죄율을 볼 때처럼, 결과에 영향을 미치는 조건에 대해 '같은 소집단' 안에서 다시 비교하는 과정을 거치기만 하면 심슨의 패러독스는 거의 방지할 수 있다. '같은 소집단', 즉 '층'별로 나누어 분석하는 것을 '층별 해석'이라 하는데 이에 대해서는 이미 앞에서 살펴본 바 있다.

층별 해석으로 패러독스가 방지된다는 생각은 기본적으로 틀리지 않다. 하지만 '결과에 영향을 미칠 수 있는 조건'이 많아질수록 그런 방식은 효율적이지 않게 된다.

고려해야 할 조건이 많아지면 왜 층별 해석이 잘 안 되는지 살펴보자. 이를 위해서는, A고등학교와 B고등학교의 성적을 비교할 경우 학생의 성별 이외에 고려해야 할 조건이 더 없는지 검토할 필요가 있다. 예를 들어 ① 동아리 활동이 운동부인가 방송부인가 합창부인가, ② 학원에 다니고 있는가, ③ 가정환경을 나타내는 것으로 부모의 연수입을 세 카테고리로 구분할 경우 어디에 속하는가 등을 고려한다면, 이 모든 조건이 동일해지는 소집단, 즉 층은 몇 개를 더 생각해야 할까.

대답은 아래와 같다.

2(성별) × 3(동아리 활동) × 2(학원의 유무) × 3(부모의 연수입) = 36

다시 말해 이 모든 조건에 '동일'이라 생각할 수 있는 층은 36개를 만들어야 한다.

그러면 각 학교에 각각의 층에 해당되는 학생은 도대체 몇 명이나 될까? 어느 조건이든 균등하게 나누었다고 가정해도 200 ÷ 36이니, 층별로 5, 6명밖에 되지 않는다. 게다가 남녀비율은 어느 고등학교든 같을 리가 없고 한쪽으로 치우쳐 있게 마련이다. 예를 들어 A고등학교에 있는 40명의 여학생을 성별 이외의 조건으로 균등하게 18층으로 나누면, 층별로 평균 2, 3명밖에 해당되지 않는다. 이 정도 적은 인원수로는 어떤 분석을 하든지, 어떤 결과가 생기든지 절대로 오차범위 안에 들어있게 마련이다.

다중회귀분석은 층 분류를 안 해도 된다

이런 문제에 다중회귀분석이 위력을 발휘한다. '성별에 따라 점수가 다르므로 조건을 동일하게 한다'는 방식에서 한 걸음 더 나아가 '성별에 따라 점수가 평균적으로 몇 점 다른가'를 추정하면 층별로 나누지 않아도 된다. 이에 대해 좀 더 자세히 살펴보자.

만일 성별을 고려하지 않고 A고등학교와 B고등학교 간 평균점수를 비교했다면, 〈도표 29〉와 같은 회귀분석 결과가 나타난다. 왜 이렇게 되는지는 앞의 내용에 근거하면 알 수 있다. 옅게 표시된 동그라미가 남학생의 평균점수이고 진하게 표시된 동그라미가 여학생의 평균점수이다. 동그라미의 크기는 각각의 학생수를 나타내며, ×로 표시된 고등학교별 단순 평균점수(각 학교에서 인원수가 많은 쪽의 성별에 가까워진다)를 통과하는 직선의 기울기가 '고등학교 간 평균점수의 차이'이다. 이 경우 기울기는 우측으로 올라가는 형태이므로 B가 A보다 평균점수가 높다는 것을 알 수 있다.

도표 29 단순회귀분석

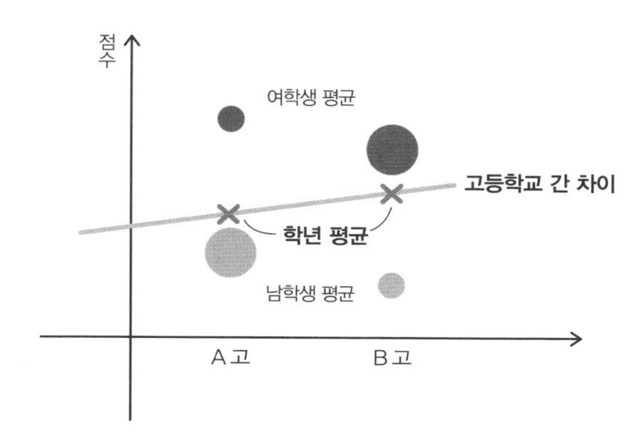

하지만 성별의 차이를 추정하면 어떻게 될까? 이럴 경우 A, B 고등학교 모두 여학생의 평균점수가 15점 높다는 정보를 이용한다.

이 정보에 근거해 두 고등학교의 성별로 '공정한 비교'를 할 때는, '만일 각 고등학교의 남학생이 전원 여학생이라면' 하고 가정해 생각하면 된다.(도표 30)

그러면 어느 고등학교에 대해서든 남학생 전원의 값에 15점을 더해야 하므로 A고등학교의 평균점수는 75점, B고등학교의 평균점수는 70점이 된다. 다시 말해 심슨의 패러독스는 무력화되어 'A고등학교의 평균점수가 5점 높다'는 직감 그대로의 결과가 얻어진다.(도표 31)

이처럼 '성별 차이로 평균점수는 몇 점 달라지는가' 하는 회귀계수와 '고등학교에 따라 평균점수는 몇 점 달라지는가' 하는 복

도표 30 남학생을 모두 여학생으로 가정하면

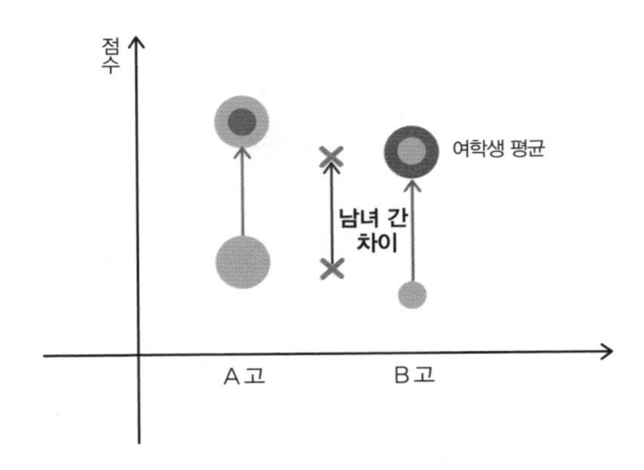

도표 31 남학생을 모두 여학생으로 가정할 경우의 회귀분석

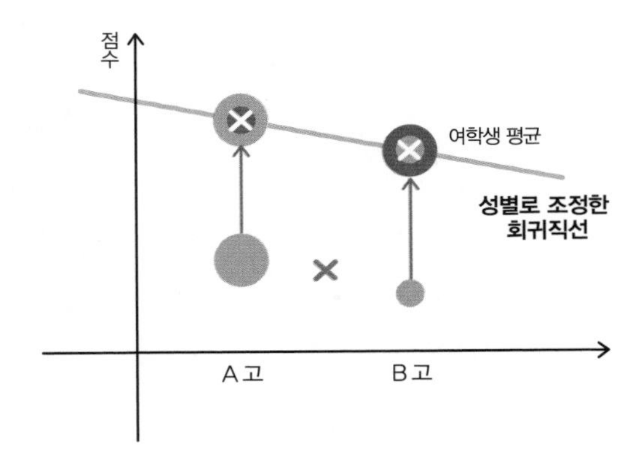

수의 회귀계수를 동시에 추정하는 것이 다중회귀분석이다. 성별의 차이가 '평균점수에 미치는 영향의 정도'를 추정할 수 있으면, 남학생과 여학생을 별개의 층으로 두지 않더라도, '만약 이 남학생을 모두 여학생으로 가정하면'처럼 가상적으로 조건을 갖춘 상태에서 공정한 비교를 할 수 있다.

지금까지 살펴보았듯이 다중회귀분석을 하면 조건이 다소 늘었다고 해서 그 이상의 층으로 나눌 필요가 없다.

복수의 회귀계수는 '서로 상승효과가 없다면' 하는 가정 아래 설명변수가 반응변수에 어느 정도의 영향을 주는지를 나타낸다. 이런 사실만 알고 있으면, 이제 여러분은 학자의 논문이나 국가의 정책 리포트를 어느 누구의 도움도 빌리지 않고 이해할 수 있다.

예를 들어 옥스퍼드 대학의 가리야 다케히코 교수가 저술한 《학력과 계층學力と階層》이라는 책에는 1989년과 2001년에 걸쳐 오사카의 초·중학생을 대상으로 실시한 학습 습관과 성적의 다중회귀분석 결과가 실려 있다.

자세한 내용은 각자 알아보기로 하고, 그중 2001년에 중학생을 대상으로 실시한 수학시험 정답률(100점 만점에서의 점수)의 다중회귀분석 결과만 인용한다.(도표 32)

신뢰구간이 표시되지 않았고 또 p-값이 실제 수치도 아니다. 게다가 0.001 미만 / 0.01 미만 / 0.05 미만 / 0.05 이상 등으로 지금까지 예시한 분류와 다르다. 그런데도 이 표를 보면 '남학생이 여학생보다 1.62점 낮다', '집에서 공부한 학생은 3.32점

도표 32 중학생의 수학 정답률에 대한 회귀분석

	회귀계수의 추정치	표준오차	P-값
절편	42.33		
남학생(더미)	−1.62	1.31	0.05 이상
집에서 공부(더미)	3.32	1.41	0.05 미만
학원(더미)	16.62	1.64	0.001 미만
숙제(더미)	6.29	0.92	0.001 미만
공부시간(분)	0.01	0.02	0.05 이상
집과 학교에서의 공부시간이 제로(더미)	−5.79	2.08	0.01 미만

출처: 《학력과 계층》, 가리야 다케히코(아사히신문출판)

높다', '학원에 다니는 사람은 16.62점 높다', '숙제를 제대로 하는 사람은 6.29점 높다', '집이나 학원에서의 공부시간이 성적에 미치는 영향은 오차라 할 수 있는 범위', '하지만 제로인지 아닌지는 오차범위를 넘어 5.79점 정도의 마이너스 영향' 따위의 결과를 읽어낼 수 있다.

이중에서 가장 크게 영향을 미치는 요인은 학원을 다니는지의 여부이다. 숙제를 성실히 하고 집에서 장시간 공부하는 아이보다 학교 숙제를 하지 않고 학원에 다니는 아이의 성적이 좋다. 위 결과로부터 학교의 학습지도에 문제가 있고 사교육의 유무가 성적에 크게 영향을 준다는 사실을 미루어 짐작할 수 있다. 이처럼 다중회귀분석을 통해 살펴보면 직감 따위에 의존하지 않고 데이터를 근거로 논의할 수 있게 된다.

오즈비를 이용한 로지스틱 회귀

다중회귀분석은 반응변수가 연속값인 경우에만 사용할 수 있지만, 프레이밍험 연구를 통해서 한층 더 확장된 개념인 로지스틱 회귀가 고안되었다. 심장병에 걸리는지 아닌지 하는 두 값의 반응변수에 대해 다중회귀분석과 마찬가지로 다양한 설명변수(혈압이나 연령, 흡연의 유무 등)가 어떤 영향을 미치는지를 공정하게 분석하기 위해 이 기법이 생겨났다.

수학적인 부분은 전문서 등을 참조하기로 하고 여기서는 구체적인 설명은 생략하지만, 본래 0이나 1이라는 두 값의 반응변수를 변환해 연속적인 변수로 취급함으로써 다중회귀분석을 가능하도록 하는 것이 로지스틱 회귀의 가장 큰 특징이다.

로지스틱 회귀에서는 회귀계수를 오즈비odds ratio, 즉 '약 몇 배나 그렇게 될 가능성이 있는가'로 나타낸다는 사실만 알고 있으면 결과를 이해하는 데 전혀 문제가 없다. 다중회귀분석과 마찬가지로 회귀계수의 추정치, 표준오차와 신뢰구간, 그리고 p-값 등을 당연히 읽어낼 수 있으며, 회귀계수의 결과를 해석하는 방법만 조금 다르다.

방금 전에 살펴보았던 《학력과 계층》에서는 '집이나 학원에서 공부시간이 제로'가 되는 학생의 특징을 로지스틱 회귀로도 분석했으므로 그 결과의 오즈비와 p-값도 소개하고자 한다. 여기서는 남학생인지 아닌지, 공부한 적이 있는지 없는지, 그리고 집의

도표 33 '집이나 학원에서 공부시간이 제로'인 학생의 특징

	오즈비의 추정값	*P*-값
남학생(더미)	0.77	0.05~0.10
집에서 공부(더미)	1.11	0.05 이상
숙제(더미)	0.55	0.001 미만
계층 하위(더미)	1.78	0.01 미만
계층 상위(더미)	0.69	0.05 – 0.10
아버지, 대졸(더미)	0.60	0.01 미만

계층이 상위 그룹인지 여부는 '오차범위'에 들어간다. 하지만 숙제를 제대로 하는 사람이 '공부시간 제로'가 되는 비율은 0.55배, 즉 거의 반으로 줄고(이 점은 무엇이 원인이고 무엇이 결과일지 해석하기가 어렵다), 또 집이 하위 그룹이면 '공부시간 제로'가 되는 비율이 1.78배, 아버지가 대졸이면 0.60배로 나타나는 등 학원을 다니는지 여부 외에도 가정환경에 의한 학습 습관의 영향이 클 수도 있다는 결과를 시사한다.(도표 33)

회귀분석을 하면 '무책임한 말'을 없앨 수 있다

사회문제 제기이든 비즈니스 관련 리포트이든 지금까지의 통계 리터러시만 습득하면 아무런 데이터도 없이 적당히 말하는 사람에게 선동되는 일을 막을 수 있다.

나는 적당히 넘어가는 것을 싫어하기 때문에 텔레비전이나 인터넷에서 각 분야의 학자들이 무슨 말을 할 때마다 사실 관계 확인을 위해 곧잘 데이터를 찾아본다. 그런데 우리가 생각하는 이상으로 세상에는 아무 근거도 없이 적당히 말하는 사람들이 의외로 많다.

무언가 '적당한 말'이라는 느낌이 들었을 때는 주제어와 회귀 분석이라는 단어로 구글 검색만 하더라도 어떤 요인이 관련되어 있는지 알 수 있다. 여러분도 지금까지 배우고 익힌 통계 리터러시를 활용해 적당히 떠벌이는 무책임한 말들을 몰아냈으면 하는 바람이다.

23
통계학자가 극대화한 인과의 추론

다중회귀분석이나 로지스틱 회귀 같은 회귀모델은 데이터의 관련성을 찾을 때 요즘 가장 자주 쓰이는 편리한 기법이다.

플라스틱모델은 플라스틱을 재료로 사용해 현실에 있는 자동차나 비행기를 '잘 나타내고 있는 대체물'이라는 뜻인데, 이와 마찬가지로 회귀모델은 현실세계에 존재하는 눈에 보이지 않는 인과관계를 '잘 나타내는 대체물'에 회귀분석을 사용한다는 뜻에서 붙여진 이름이다. 그러나 회귀모델에 의해 꼭 인과관계가 적절히 추정된다고 장담할 수는 없다. 그렇다고 회귀모델이 무가치하다고 말할 것까지는 없고, 잘못을 최소화해 데이터를 해석하는 데 도움이 되는 것만큼은 분명하다.

여기서는 회귀모델의 한계와 그런 문제를 해결하기 위해 생겨난 현대적인 기법에 대해 소개하고자 한다.

회귀모델을 사용할 때는 교호작용에 주의한다

다중회귀분석에서는 회귀계수를 추정할 때 매우 중요한 가정을 했다. 다시 말해 회귀계수를 추정할 때는 '변수 간 서로 상승효과가 없는 상태에서 평균적으로 어떤 차이가 생기는가'를 생각했다는 뜻이다. 〈도표 34〉를 보면 알 수 있듯이 사용된 수치도 여러분이 쉽게 이해할 수 있도록 A, B 어느 고등학교이든 남녀 간 평균점수의 차이는 '정확히 15점'이며, 남녀 모두 A고등학교가 B고등학교에 비해 각각 '정확히 5점' 높다.(도표 34)

그러나 실제로는 '정확히' 그렇게 되지는 않는다. 예를 들어 〈도표 35〉처럼 되었을 경우는 어떨까. A고등학교에서의 5점 차이와 B고등학교에서의 25점 차이를 단순 평균한다면, 확실히 전체적으로 여학생은 남학생과 비교할 때 성적이 15점 높다. 하지만

도표 34 두 고등학교의 모의시험 결과

		A고등학교	B고등학교
남학생	총 득점	9600	2200
	인원수	160	40
	평균점수	60	55
여학생	총 득점	3000	11200
	인원수	40	160
	평균점수	75	70
남녀합계	총 득점	12600	13400
	인원수	200	200
	평균점수	63	67

실제로는 B고등학교의 남학생만 이상하게 성적이 나쁘고, 그 예외적인 층을 제외하면 남녀와 학교 간에 그 정도의 차이를 보이지는 않는다. 즉 '서로 상승효과가 없는 상태'라는 가정이 붕괴되고 있다. 만약 상승효과가 없는 상태라면 A, B 두 고등학교에서도 똑같이 남녀 간 차이는 물론 학교 간의 차이도 나타날 것이다.

이러한 상승효과는 영어로 interaction인데 통계학 용어로는 교호작용이라고 한다.

도표 35 시험 결과가 변하면

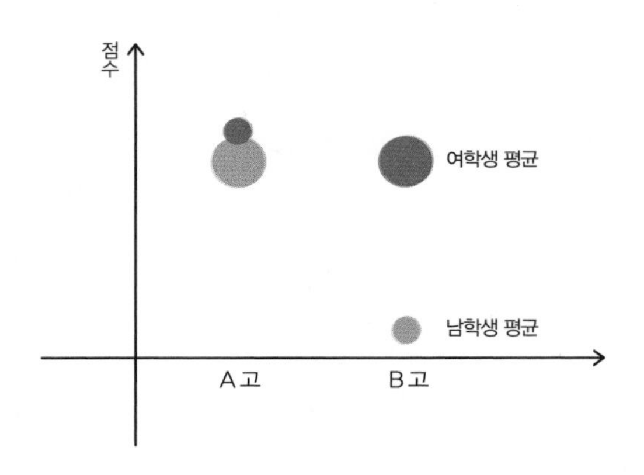

		A고등학교	B고등학교
남학생	총 득점	11200	1800
	인원수	160	40
	평균점수	70	45
여학생	총 득점	3000	11200
	인원수	40	160
	평균점수	75	70

회귀모델을 사용할 때는 교호작용이 정말로 존재하지 않는지 살피는 것이 가장 주의할 점 중 하나이다. 그러나 실제로 교호작용이 의심된다고 해도 회귀모델에 포함시켜 회귀계수를 추정하는 방법이 있다.

다시 말해 그것들이 연속값이든 더미변수이든 두 설명변수 각각의 회귀계수뿐만 아니라, 두 변수를 서로 곱한 새로운 설명변수(이것을 교호작용 항목이라 한다)를 만들어 그 회귀계수에 대해서도 동시에 추정하기만 해도 교호작용의 영향을 추정할 수 있다.

알기 쉽게 정리하면 〈도표 36〉과 같은 형태로 나타난다.

교호작용이 1인가 0인가는, 'B고등학교 그리고 남학생'인가 아니면 '그 이외인가'라는 뜻이다. 이것은 남녀 사이에 평균적인 차이가 있어서 학교 간에 평균적인 차이가 있다는 것만으로 설명할 수 없는, '특히 B고등학교의 남학생에 차이가 엿보인다'라는 영향을 나타낸다. 또한 더미변수를 어떻게 붙이는가에 따라 'A고교 그리고 여학생'이라는 교호작용 항목을 설정해도 추정하

도표 36 교호작용의 영향에 관한 정리

	성별 남학생 더미	B고등학교 더미	남학생 × B고등학교 교호작용
A고등학교 남학생	1	0	0
A고등학교 여학생	0	0	0
B고등학교 남학생	1	1	1
B고등학교 여학생	0	1	0

는데는 전혀 상관이 없다. 중요한 것은, 교호작용 항목을 도입함으로써 두 고등학교 × 두 성별의 조합으로 생기는 총 네 그룹 간의 평균값 차이가 모두 회귀계수에 의해 표현할 수 있다는 점이다.(도표 37)

이처럼 교호작용 항목을 포함한 회귀모델을 만들면 외관상 회귀계수에 의해 잘못된 판단을 할 위험은 줄일 수 있다.

도표 37 두 고등학교 × 두 성별의 관계성

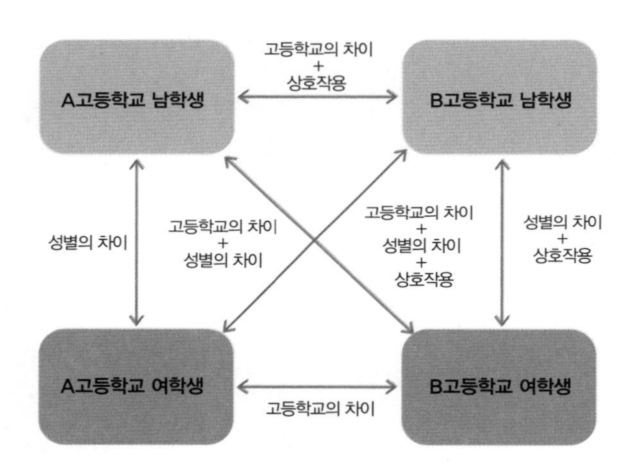

곤란에 빠트리는 변수선택 작업

한편 너무 정확함을 추구하기 위해 모든 교호작용 항목을 검토하다 보면 알 수 없는 결과가 얻어지는 경우도 있다. 본래의 설명변수가 둘이고 거기에 교호작용 항목 하나를 더하는 정도라면 문제가 생기지 않지만, 만약 설명변수가 20개 있다면 교호작용 항목은 20 × 19 ÷ 2 = 190이 된다. 표본 수가 한정돼 있는 상황에서 이처럼 대량의 회귀계수를 추정하면 오차가 커지며, 만일 '빅데이터'이니만큼 표본 수가 무제한 확보되었다 하더라고 100을 넘는 수의 회귀계수를 해석할 만큼 인간의 인지기능이 뛰어나지는 않다.

'모두 다르므로 모두 좋다'라는 말은 대인관계에 적용할 때는 괜찮은 표현이지만, 데이터를 분석해 겨우 알아낸 것이 '모두 제각각 다르다'라면 말이 되지 않는 이야기이다. 되도록 간단하게, '무엇이 반응변수에 가장 큰 차이를 나타내는가'를 알아내는 것이 통계학이다.

그래서 교호작용 항목도 포함해 유의한 설명변수만을 자동적으로 골라내서 회귀모델을 구축하는 알고리즘에 대한 연구가 성행하고 있는데, 이것을 '변수선택법'이라 한다. 그 외에 어떠한 설명변수 혹은 교호작용 항목을 포함한 회귀모델을 어떻게 데이터에 가장 좋은 방식으로 적용시키는지 판단하기 위한 지표도 몇 가지인가 개발되어 있다. 가장 대표적인 것 중 하나로, 통계수리연구

소의 아카이케 히로쓰구 전 소장이 1973년 발표한 아카이케 정보 기준AIC : Akaike's Information Criterion이라는 지표를 꼽을 수 있다.

그러나 실제로는 어떤 회귀모델이 타당한지는 수리적인 성질만으로 결정할 문제는 아니다.

적절한 변수를 선택하고 조정해야 할 조건이 모두 갖춰져 있으면 회귀모델을 통해 '공정한 비교'를 할 수 있는 것은 분명한 사실이다. 그러나 무슨 이유로 적절한 모델이 얻어졌다고 생각하는가 하는 부분에 대해서는 통계학자뿐만 아니라 그 결과에 영향을 받는 이해 관계자들과 더불어 신중한 논의를 해야만 한다.

무한정 임의화에 접근하는 '성향점수'

1983년에 유효한 해결책 한 가지가 제안되었다. 로젠바움과 루빈이라는 통계학자들에 의해 발표된 '성향점수propensity score'라 불리는 방법론인데, 주로 역학 분야에서 임의화가 불가능하거나 인과관계를 특정하기 곤란한 상황에서 자주 이용된다.

성향점수란 흥미가 있는 두 가지 설명변수가 있을 때 '어느 쪽에 해당될까' 하는 확률을 말한다. '어느 쪽에 해당될까' 하는 성향을 나타내는 값이므로 성향점수라 하는 것이다. 성향점수 자체는 앞서 소개한 로지스틱 회귀에 의해 간단히 얻어진다.

흡연을 하고 말고의 행동이 폐암이라는 결과의 원인이 되는지 여부의 인과관계는 실증하기 어렵다고 앞에서 이미 살펴본 바 있다. 흡연과 관련해 임의화 비교실험을 할 수만 있다면 흡연 여부 이외의 조건은 모두 평균적으로 동일한 그룹 간에서 폐암 발생률의 공정한 비교를 할 수 있지만, 그러한 연구는 윤리적으로 허용되지 않는다.

그래서 '조건이 동일한 대상자'를 모으는 방식이 고안되었지만, 고려해야 할 조건이 늘어나면서 대량의 데이터를 필요로 하게 된다. 또 방금 전에 설명한 변수 선택 작업 시 생기는 문제도 제약 요건으로 작용한다.

루빈과 로젠바움은 성향점수가 같은 집단, 즉 연령, 거주지역, 직업 등의 조건으로부터 흡연할 확률이 같을 것이라 추정되는 집단끼리 비교하면 '그 외의 조건'과 '흡연 여부'의 관련성이 '흡연 여부'와 '폐암'의 관련성을 왜곡시키지는 않을 것이라고 판단했다.

만일 여성보다 남성이, 도시 주민보다 지방 주민들의 흡연율이 높았다고 하자. 또 여성보다 남성이, 도시 주민보다 지방 주민이 폐암에 더 많이 걸렸다고 하자. 이런 경우 흡연 자체에는 아무런 영향이 없더라도 단지 데이터의 편의 탓으로 외견상 폐암에 더 많이 걸린다는 심슨의 패러독스가 문제가 된다.

그러나 위와 같은 문제는 다양한 조건 차이에 흡연율이 좌우되기 때문에 발생한다. 거꾸로 말하자면 성별이나 거주지역 등 모든 조건으로부터 추정된 흡연율을 같은 집단끼리로 범위를 좁혀 버리면, 그 모든 조건이 흡연율에 영향을 미치는 일은 없다. 다시 말해, 적어도 흡연율을 추정하는 데 이용한 조건에 관해서는, 임의화 비교실험과 마찬가지의 공정한 비교를 할 수 있다.

동일한 성향점수에 의해 층별로 비교하면 공정한 비교를 하는 것처럼 느껴질 가능성이 매우 높다. 따라서 '다른 조건으로 말하면 담배를 피울 리가 없는데도 왠지 담배를 피우는 사람'과 '다른 조건으로 말하면 담배를 피울 리가 없고 역시 담배를 피우지 않는 사람'을 비교하는 것이나 마찬가지이므로 공정한 비교를 하는 느낌이 매우 강하게 든다.

성향점수는 간단하고 끝없이 임의화에 가까운 인과관계의 추정을 할 수 있으므로, 지금은 역학뿐만 아니라 정책이나 교육 평가를 할 때도 곧잘 사용된다. 1980년대에서 90년대에 걸쳐 성향점수를 응용하는 기법도 매우 발전했다. 물론 임의화와는 달라서 '나중에 결과를 크게 왜곡시키는 그 무엇'을 완전히 제거했다고 단언하기는 어렵지만, 그렇다고 지나치게 엄밀함에 집착해 판단을 미루는 것이 현명하다고 말할 수도 없다.

인류는 이미 인과관계를 파악하고 조절하는 방법을 알고 있다. 이상한 점술가에게 의지하려들지 말고 조금만 공부해 데이터만 잘 다루면 최선의 판단을 할 수 있다. 그리고 이제는 그런 지혜를 활용해 얼마만큼의 가치를 창조하는지가 관건일 따름이다.

제6장

통계학의 여섯 가지 활용 분야

24
사회조사법 대 역학과 생물통계학

지금까지 공부한 p-값, 신뢰구간, 회귀모델 등의 내용을 이해했다면, 통계학이라는 강력한 학문의 '줄기'는 이미 여러분 손에 넣은 셈이다.

그러나 통계학의 재미는 그 '줄기'에만 있는 것이 아니다. '가지'라고 하면 좀 가볍게 들릴지는 몰라도 광범위하게 응용하려면 분화된 '잔가지detail'까지 알아볼 필요가 있다. 그래야만 학문적 배경이 다른 통계 전문가들의 논쟁을 음미할 수 있게 된다.

통계학은 수학이론에 근거해 성립되었지만, 수리적 성질을 현실에 적용할 때는 반드시 몇 개의 가정이나 현실적인 판단을 필요로 한다. 그러한 현실적인 판단은 학문 분야, 목적, 전통 그리고 취급하려는 데이터의 성질에 의해서도 좌우된다. 회귀모델을 이용하려면 복수의 설명변수 간에 상승효과가 없다고 가정하는 따위의 수학적인 사실 말이다. 그런데 그 가정을 어떻게 취급하는지는 수학적인 이론에 의해서가 아니라 분야마다의 관점에 따라서 달라진다.

통계학을 연구나 업무에 이용하는 전문가나 통계학적 기법 자체를 연구하는 통계학자도 이처럼 분야 간에 존재하는 관점의 차이를 이해하는 사람은 많지 않다. 통계학 자체는 광범위한 분야에 응용할 수 있지만, 현대의 모든 학문은 세분화가 진행되고 있어서 한 분야의 전문가가 다른 전문 분야의 관점을 이해하는 것이 어려운 일인지도 모른다.

이 장에서는 여러분이 앞으로 통계학을 다룰 때 쓸데없는 혼란에 빠지지 않도록 도움이 되는 내용을 전하고자 한다. 다음에 제시된 통계학의 여섯 가지 특징을 이해하면 지금 전 세계에 통용되는 대부분의 통계학 이론에 대해 자신의 입장이 분명히 정리되리라고 본다.

① 실태를 파악하는 사회조사법

② 원인을 규명하는 역학 · 생물통계학

③ 추상적인 것을 측정하는 심리통계학

④ 기계적 분류를 위한 데이터마이닝

⑤ 자연언어 처리를 위한 텍스트마이닝

⑥ 연역에 관심을 두는 계량경제학

제일 먼저 지금껏 여러 차례 다뤄왔던 ①과 ②에 대해 간략히 짚고 넘어가기로 하자.

정확함을 추구하는 사회조사 전문가들

일반적으로 '통계를 낸다'는 표현은 단지 데이터를 모은다는 의미로 사용된다. 피셔나 고셋William Sealy Gosset, 1876~1936 시대 이전인 17~18세기 무렵부터 유럽 여러 나라에서는 이미 인구나 사망자 수에 관한 통계조사를 했으며 평균값이나 백분율 같은 집계방법도 정착돼 있었다. 국세조사나 선거 전의 여론조사로 대표되는 사회조사는 그 시절부터 이미 전통 통계학으로 뿌리를 깊이 내렸다.

앞에서 나는 '단지 평균값이나 백분율만을 기술하는 집계는 의미가 없다'는 말을 한 바 있다. 그러나 통계학자들은 이러한 사회조사와 관련된 '평균값이나 백분율'에 끊임없이 집착함으로써 '단순한 집계' 수준에 머무르지 않았다. 그들은 뉴딜정책 실시 당시 표본조사의 실용화를 위해 노력했으며, 되도록 편의가 없고 요구되는 오차범위에 들어가는 추정치를 가장 효율적으로 얻기 위한 방법 등을 찾으려고 끊임없이 연구했다.

흥미가 있는 모든 대상자(예를 들어 전 국민 등)로부터 철저하게 임의로 선택된 기본적인 표본 데이터를 얻는 정도의 일이라면 이야기는 간단하다. 그러나 현실적으로는 법률에 의해 반드시 답변하라는 의무규정이 있는 조사일지라도, 답변에 협력적인 사람이 있고 비협력적인 사람도 있기 마련이다(일본의 경우 통계법 규정에 의해 나라가 정하는 기간 중에 통계조사에 답변하지 않거나 허위 보고를 하면 50만 엔 이하의 벌금형에 처해진다).

예를 들어 기혼 고령자라면 조사원이 직접 방문해 답변을 받아내기 쉽지만, 생활이 불규칙한 자취생이나 젊은 회사원들을 찾아가 만나기는 좀처럼 쉽지 않다. 그 결과 혼자 사는 젊은이들의 답변율은 가족과 함께 사는 고령자보다 현저하게 낮아지므로 확보된 데이터만으로 통계분석을 하면 평균연령이나 기혼율은 실제보다 높게 나타난다.

마땅히 필요한 데이터가 확보되지 않는 경우를 '결측'이라 하는데, 사회조사 전문가는 되도록 결측을 줄이기 위해 조사원을 훈련시킨다. 또 조사방법의 개선만으로는 대처하기 어려운 결측을 보완하기 위해 추정치의 편의를 최대한 줄이는 분석기법을 도입하는 등 다양한 방법이 고안되어 왔다.

통계 전문가의 관심은 늘 논의의 토대가 되는 정확한 수치를 추정하는 데 있다. 정부가 실업 대책을 강구한다면 실업자의 정확한 수를 알아야만 하고, 암 대책을 수립하려면 정확한 암 환자 수나 신규 발병 환자 수를 몰라서는 안 된다. 그럴 경우 예산이 얼마나 필요하고 어떤 대책을 세워야 하는지 논의조차 시작할 수 없다.

최근에는 사회조사 전문가가 비즈니스 영역의 마케팅 관련 조사에 참여하는 경우가 부쩍 늘었다. 그들은 적당히 실시한 설문조사 결과를 엑셀 프로그램으로 정리만 하는 마케터들과는 완전히 다른 종류의 사람들이다. 상정 가능한 오차를 미리 계산해 예산 범위 내에서 정보의 정확도를 최대화하는 조사방법을 찾아 '어떠한 고객이 몇 사람 있을 것으로 예측됩니다'라든지, '그들이 이 시장에 지출하는 금액은 평균 얼마입니다' 같은 추정치와 오차범위도 알려준다. 마케팅에 소홀함이 없는 기업이라면 그런 추정치를 바탕으로 전략을 가다듬는 등 경쟁사회에서 살아남기 위한 노력을 게을리 하지 않을 것이다.

'타당한 판단'을 추구하는 역학 · 생물통계학자

어떤 경우든 조사의 중요성을 부인할 수는 없다. 그러나 조사를 통해 고객 수나 시장규모를 안 다음 '결국 어떤 전략을 취해야 하는가'를 관계자들 사이의 감각적인 논의에만 의존하는 것은 결코 바람직하지 못하다.

임의화 비교실험이 가능하다면 시험적으로 해보는 것도 괜찮고, 그렇지 않으면 회귀모델이나 성향점수 등을 활용해 인과관계를 추정하는 방법도 있다. 어떤 부분을 조절해야 요구하는 결과(비즈니스의 경우라면 대체로 이익에 직결되는 지표)에 크게 영향을 미치는지 살펴본 다음에 전략을 짜는 것이 가장 바람직한 방법이다.

임의화 비교실험은 로잠스테드의 농업시험장에서 피셔가 창안했으며, 회귀모델은 고셋에 의해 진화론의 영향을 받아 고안

되었다. 이런 이유로 그들의 전문 분야를 생물통계학이라 보기도 하지만, 생물학에 한정되지 않고 거의 모든 분야에서 이용되는 통계학적 기법을 근간으로 하고 있다. 참고로, 나는 역학과 생물 통계학을 공부하는 과정에서 통계학을 접하게 되었으므로 이 책의 설명은 약간 그런 쪽으로 치우쳐 있을지도 모른다.

피셔의 《실험계획법》이 많은 과학자들에 의해 인용되었다는 것은 앞에서 이미 밝힌 바 있다. 그중에서 특히 임의화 비교실험은 농학 · 생물학 외에 공학이나 화학 등 사물을 대상으로 삼는 분야, 심리학이나 교육학, 더욱이 최근에는 정책 과학이나 경영학 등 인간을 대상으로 삼는 분야까지 다양한 영역에서 활용되고 있다. 사물이나 인간 이외의 생물 영역에서 임의화 비교실험을 하는 것은 비교적 용이하다. 또 윤리나 감정의 벽에 의해 임의화가 허용되지 않는 인간 대상의 영역에서는 역학적 방법론을 이용하면 된다. 이것 역시 교육, 정책, 경영 등 다양한 분야에서 활용되는 기법이다.

위 두 방법은 모두 최종적으로 결과에 크게 영향을 미치는 '원인'을 찾는 데 목적이 있다. 다시 말해 p-값에 근거해 '원인'을 제대로 찾아낼 수만 있다면 추정치의 '적용 가능성'이라는, 사회조사 분야의 통계학자가 중시하는 부분에 그다지 얽매이지 않아도 된다.

예를 들어 담배가 몸에 나쁜지 여부의 판단을 올바르게 하는 것은 당연히 중요하다. 그러나 그에 따라 줄어드는 수명의 참값이 10년인 것을 8년으로 추정했다 한들, 역학자나 생물통계학자는 그다지 문제라고 여기지는 않는다. 또 고령자의 흡연에 의한 수명 손실은 10년이고 젊은 사람의 경우는 15년이라는 교호작용에 대해서도 문제 삼는 것이 한정되어 있다. 물론 '젊은 사람인 경우 흡연에 의해 수명은 오히려 늘어난다'는 식의, 결론을 뒤집는 수준의 강력한 교호작용이라면 문제가 될 것이다. 하지만 어느 쪽이든 크게 악영향을 미치니 흡연율을 낮추는 편이 좋다는 타당한 판단만 내린다면 어느 정도 만족할 수 있다.

그래서 생물통계학자나 역학자는 '나라 전체를 대상으로 한 임의 표본'에 관해서는 거의 조건을 붙이지 않는다. 전 국민의 인과관계를 논의할 필요가 있을 때 의사나 고등학생의 데이터밖에 없는 경우처럼 극단적으로 데이터가 편의되어 있을지라도 '어디까지나 이 결과는 의사 집단에 편의된 데이터이지만, 이런 관련성이 나타났습니다'라며 주석을 달아서 당연하다는 듯 발표한다.

또 '다른 집단에서는 어떤지 자세히 모르기 때문에 응용할 때는 주의하십시오'라거나 '향후 과제로서 다른 집단에서도 관련성이 나타나는지 확인할 필요가 있습니다'라는 문장을, 형식이 갖춰진 논문에는 '반드시'라고 해도 좋을 만큼 적어넣는다. 역학이나 생물통계학에서 충분한 수의 '임의 표본'을 얻으려 하면 터무니없는 비용과 노력이 드는 등 현실적 여건에 영향을 받기 때문이다.

만일 지금 일본에서 치사율 50%의 무서운 전염병이 돌아 3만 명이나 목숨을 잃었다면 말 그대로 대참사이다. 곧바로 역학적 기법을 통해 원인을 규명하지 않으면 안 된다. 그러나 그 병에 걸려 사망한 사람이 전 인구의 0.1%에도 미치지 않는다, 전체 국민 중에서 1만 명을 임의로 선택했다고 해도 발병자는 고작 몇 사람 정도밖에 발견되지 않고 그 가운데서도 절반은 죽어 직접적인 조사를 할 수 없다면 여기서 무슨 의미 있는 해석이 나오겠는가.

물론 전체 국민 중에서 고른 임의 표본으로부터 발병자를 찾지 않고 발병자 전원을 대상으로 임의 표본을 선택하는 방법이 있기는 하다. 그러나 그렇게 할 경우 발병자 전원의 명단이 확보되어 있지 않으면 '임의로' 선택할 방법이 없다. 일부러 시간을 들여 발병자 전원을 파악한 다음 임의로 선택하는 수고를 들이기보다는 눈앞의 환자 데이터를 일일이 분석하는 편이 나을 것이다.

역학자나 생물통계학자는 '임의 표본추출에 의한 정확한 추정치'보다도 '임의화에 의한 타당한 판단'을 더 소중히 여긴다. 그리고 이따금 사회조사 중심의 통계를 교육받은 사람(혹은 단지 수박 겉핥기식으로 주워들은 사람)으로부터 '임의 표본추출이 아니기 때문에 이 결과는 믿을 수 없다'는 비판을 받으면 그때부터 끝없는 논쟁에 돌입한다. 아마도 아래와 같은 식의 논쟁이 될 것이다.

'전 국민을 대상으로 임의 표본추출을 하지 않았기 때문에 신뢰할 수 없다.'

'확실히 해석한 것은 젊은 사람만의 데이터라고는 하지만, 연령과 흡

연율 간에 강력한 교호작용이 존재하지 않는 한 흡연이 위험하다는 결과에 변화는 없다고 본다.'

'그런 교호작용이 존재하고 있는지 어떤지는 알 수 없지 않은가.'

'고령자의 흡연이 몸에 좋다고 생각할 만한 근거라도 있는가?'

'근거야 없다지만 담배가 몸에 나쁘다고 무조건 일반화해서 말할 수는 없지 않은가.'

'그러니까 이번 연구는 어디까지나 젊은 사람에게 치우친 데이터이므로, 다른 연령대에 대해서는 앞으로의 과제라고 말하고 있지 않은가.'

'그런데 왜 그런 결과를 바탕으로 흡연의 해를 일반화해 주장하는 것인가?'

'그러니까 눈에 띌 정도의 교호작용이 존재하지 않는 한 흡연이 몸에 나쁘다는 것에 변함은 없지 않은가.'

사회조사 분야에서 발전한 결측에 대한 보완 방법을 역학적 추정에 적용할 수도 있지만, 사회조사를 다루는 통계 전문가에게 그런 방법은 '최선을 다한 임의 표본추출 조사에 덧붙이는 최종 수단'이다. 최선을 다하기도 전에 이미 준비해놓은 임의 표본에서 얻어진 데이터 자체가 꽤나 기분이 나쁜 것 같다.

위와 같은 식으로 논쟁을 벌일 때 역학자나 생물통계학자는 내심 '아무리 데이터와 추정치가 정확하더라도 관련성을 분석하지 않으면 의미가 없지 않은가'라고 독설을 퍼붓는다. 한편 사회조사 전문가는 '편의된 데이터밖에 없으면서 잘난 듯 떠벌이기는'

하며 화를 낸다.

그러나 둘 중 어느 쪽이 올바른지는 딱 부러지게 대답할 수 없다. 어디까지나 학문적인 관점의 차이일 뿐이며 상황에 따라 어느 쪽도 옳을 수 있다고 판단하는 것이 중요하다.

25
IQ를 탄생시킨 심리통계학

IQ, 즉 지능지수라는 말은 초등학생이 읽는 만화에도 등장하지만 이 지표의 의미를 제대로 아는 사람은 많지 않은 것 같다. 허구의 세계에서는 'IQ가 높은 캐릭터'를, '머리가 비상한 천재'이거나 '머리는 비상하지만 성격적인 결함이 있는 인간'으로 묘사하곤 한다. 아마도 현실세계에서 인식하는 IQ의 이미지가 반영되었으리라고 본다. 아인슈타인의 IQ가 높았다는 이야기가 화제가 되는가 하면 인간의 가치는 IQ로 측정할 수 없고 IQ 측정 자체가 차별의 시작이라고 말하는 사람도 있다. 한동안은 IQ보다 EQ(마음의 지능지수)가 더 중요하다고 주장한 책이 인기를 끌기도 했다.

하지만 신장이나 체중, 혈압이 실제 보고 저울 같은 기계로 측정할 수 있는 것과는 달리, 지능은 실체가 없고 확실한 측정 기구가 있는 것도 아니다. 그런데 어떻게 지능을 재는 걸까? 왜 지금과 같은 IQ 검사 방식으로 지능을 측정할 수 있다는 것일까. 그 내용도 모르면서 IQ가 높다고 우쭐거리거나, 반대로 IQ가 낮다고 시무룩해지는 것은 우스꽝스러운 일이다.

IQ가 무엇인지 알기 위해서는 심리학자가 100년에 걸쳐 쌓아 온 통계 기법을 이해할 필요가 있다.

'일반지능'의 발명

혁명적인 발명이 왜 대단한지 알고 싶으면, 시험 삼아 자신이 직접 만들어보는 사고실험을 해보자. 만약 여러분이 회사의 인사 관리자로서 신입 직원 채용을 담당한다고 가정해보자. 이때 기존의 지능검사 방식을 이용하지 말고 지능이 높은 사람을 채용하라는 지시를 받았다면 어떻게 하겠는가.

간단한 질문을 해 반응속도를 본다거나 문자를 나열해놓고 일정시간 동안 얼마나 많이 기억하는지로 측정하는 사람도 있을 것이다. 단순히 수학이나 국어 과목으로 불시에 검사를 하는 방식도 있다. 실제로 아무런 통계학적 근거도 없이 순간의 발상으로 실시한 검사 결과를 채용 기준으로 활용하는 기업도 적지 않다.

오늘날 지능 연구의 기초를 쌓은 심리통계학자 찰스 스피어먼Charles Edward Spearman, 1863~1945은 1904년 〈뭔가 부족한 선행 연구〉라는 제목의 논문에서 기존의 지능 측정 방식을 소개한 바 있다. 그는 왜 뭔가 부족하다는 표현을 했을까. 기존 방식은 지능을 나타낼 것이라는 기준을 이런저런 형태로 정해놓고 그 기준에 따라 측정한 것에 불과하다고 보았기 때문이다. '본래 지능이란 무엇인가'라는 물음에는 연구자의 직감으로만 대답했을 뿐이라는 것이다.

스피어먼은 선행 연구에서 제시한 여러 가지 지능 측정 방식 중 몇 가지를 선택해 연구 참가자에게 시험해보았다. 그리고 각각의 '지능을 나타내는 지표' 간의 상관을 분석했다.

상관이란 '한쪽 값이 클 때 다른 쪽 값도 큰가 / 한쪽 값이 작을 때 다른 쪽 값도 작은가' 하는 관련성의 정도이다. 골턴은 이전에 소개한 회귀분석을 했을 때, '직선의 적합도가 높은 상태'와 '평균값으로의 회귀가 크고 직선의 적합도가 낮은 상태'로 나타나는 것을 발견했다. 이 차이를 상관correlation이라는 말로 표현했고, 제자인 피어슨Karl Pearson, 1857~1936은 상관계수라는 지표의 계산방법을 고안했다. 상관계수 지표는 완전한 직선으로 '한쪽 값이 클 때 다른 쪽 값도 크다'인 양의 관계는 1, 반대로 완전한 직선으로 '한쪽 값이 클 때 다른 쪽 값은 작다'인 음의 관계는 -1 그리고 관련성을 전혀 찾아볼 수 없는 경우는 0으로 나타낸다. 참고로, 상관은 '한쪽 값이 클 때 다른 쪽 값도 크다'는 경향을 나타낼 뿐, '한쪽 값이 크기 때문에 다른 쪽 값도 크다'는 인과관계와는 완전히 별개라는 점에 주의했으면 한다.

스피어먼은 다각적인 연구를 거친 뒤 서로 다른 지능의 측면은 어느 정도 상관되어 있다는 것을 발견했다. 게다가 각각의 지표에 일정한 단위를 매겨서 서로 더하면, 모든 지표와 잘 상관하는 1개의 합성변수를 만들 수 있다는 사실도 알아냈다. 완전히 개별적으로 고안된 지능 관련 지표 전부와 상관하는 합성변수를 만들 수 있다면, 이것이 잠재적인 지능을 나타내는 것이라고 그는 생각했다. 여하튼 이 변수만 알면, 거의 모든 지능 관련 검사의 성적을 예측할 수 있다. 그렇다면 수많은 항목을 개별적으로 생각하기보다는 이 잠재적인 지능을 나타내는 지표만 취급하면 된다. 그는 이러한 지표를 일반지능이라 불렀다.(도표 38)

도표 38 '측정할 수 있는 것'에서 합성변수 생성

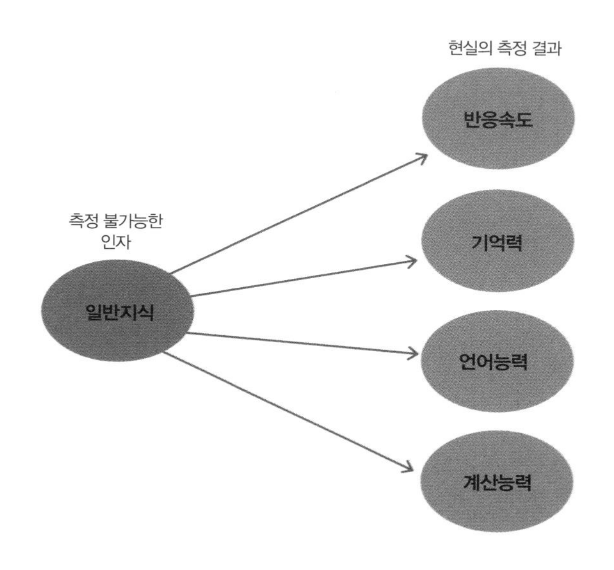

지능을 일곱 가지로 분류한 다인자 지능설

오늘날 스피어먼이 실행한 분석 방법은 '인자분석'으로 불린다. 서로 상관하는 복수의 값으로부터, 그 모든 것과 잘 상관하는 새로운 합성변수가 만들어지는데, 이 합성변수를 인자factor라 하고 그 인자를 추출하는 분석이니까 인자분석이라 하는 것이다. 인자는 '지능' 등의 추상적인 개념을 나타낸다고 보는 값으로 이것 자체를 직접 측정할 수는 없다. 그렇지만 인자와 잘 상관하는 '측정 가능한 무엇'은 분명 존재할 것이다. 예를 들어 지능이라면 반응속도, 기억력, 계산력 등으로 측정할 수 있는데 이는 아마 우리가 추상적으로 생각하는 지능이라는 인자와 무관하지 않을 것이다.

실제로 측정된 모든 것과 '잘 상관하는 합성변수'를 만들어낼 수 있다면 그것을 통해 알고 싶은 인자를 추정할 수 있다는 생각을, 스피어먼이나 그의 영향을 받은 심리학자들은 갖고 있었다. 인자는 스피어먼의 일반지능처럼 꼭 '모든 측정 항목과 상관하는 하나의 인자'만으로 한정되지 않고 복수의 인자가 추출되는 경우도 있다.

스피어먼의 연구에 영향을 받은 심리학자들이 다양한 검사를 조합해 인자분석을 했는데, 복수의 인자가 추출되는 일도 자주 발생했다. 잘 알려진 것 중 하나가, 1938년 발표된 루이스 서스톤Louis Leon Thurstone, 1887~1955의 다인자 지능설이다. 서스톤이 다양한 방법으로 실시한 지능 관련 검사결과를 인자분석했더니

다음과 같은 일곱 가지의 지성을 나타내는 인자가 추출되었다.

① 공간이나 입체를 지각하는 공간적 지능
② 계산 능력에 대한 수적 지능
③ 말이나 문장의 의미를 이해하는 언어적 지능
④ 판단이나 반응 속도에 연결되는 지각적 지능
⑤ 논리적으로 추론하는 추리적 지능
⑥ 신속하고 유연하게 말하는 유창성 지능
⑦ 암기력을 나타내는 기억 지능

일례로 ①의 공간적 지능은, 산수의 도형 문제나 퍼즐 그리고 입체적으로 배치된 블록을 세는 따위의 검사결과에 대해서는 거의 모든 항목과 잘 상관하는 반면, 문장이나 기억과 관련되는 문제와는 거의 상관하지 않을 것으로 보이는 인자이다.

최근의 지능연구 양상을 보면 일반지능이나 다인자 지능과 관련된 논의는 다각적으로 진행되고 있다. 하지만 다양한 지능검사 방법을 분석하면 '분야별로 진행되는 것이 아니라 검사 항목 전체와 상관하는 인자', 즉 일반지능이 대체로 총점수의 30~60% 정도의 영향력을 가지는 것 같다. 다만 일반지능이란 도대체 무엇인가 하는 부분은 아직도 명확하게 정의되어 있지 않다.

지능에 국한되지 않고, 심리통계학자는 '마음'이나 '정신'처럼 눈에 보이지 않는 추상적인 것을 측정하는 데 목표를 두고 있다. 측정만 가능하다면 행동이나 성과, 정신질환과의 관련성을 분석할 수 있지만, 그렇지 않으면 '일에 동기를 부여하는 요소는 금전보다는 일을 통해 느끼는 보람이다'라는 단순한 가설조차 실증할 수 없다. 실증을 위해서는 자신이 측정하고자 하는 '추상적 개념'이 무엇인가부터 정의할 필요가 있다. 예를 들어 '일의 보람'을 '자신의 일에 종사해 사회에 대한 공헌이나 올바른 사회 평가가 이루어지고 있다는 실감'으로 정의하면, 이와 관련될 만한 질문을 얼마든지 생각해낼 수 있다.

아울러 심리통계학자들은 자신의 착상만으로 질문지를 만들지는 않는다. 그들은 우선 '일에 보람을 느끼는 사람'과 '그렇지 않은 사람'을 만나 이야기를 들어본다. 그런 다음 그 사람들이 어떤말로 '보람'을 표현하는지 확인하거나 선행 연구로 어떤 이론이 있는지 조사한다. 아울러 동일한 심리학적 조사가 국내외에서 이루어진 적은 없었는지 철저하게 살펴보고 나서야 비로소 질문지를 확정한다.

그렇게 질문지가 확정된 다음에도 보통은 실제 조사에 들어가기 전에 모의테스트를 하는 경우도 있다. 미묘하게 표현을 달리한 질문 항목으로 수십 명 정도의 참가자로부터 답변을 받는다. 그 결과 거의 모든 사람이 '예스'라고 대답하거나 무응답자가 많은 항목은 도움이 되지 않는 것으로 판단하고 설문 내용에서 삭제한다. 그런 다음 인자분석 결과와 대조해 미리 상정해놓았던 인자의 구조로 만들기 위해 복수의 인자와 상관하는 항목이나 어느 인자와도 상관하지 않았던 항목은 삭제한다. 또 응답자가 내용을 잊었을 무렵 다시 한 번 똑같은 조사를 하고 답변할 때마다 결과가 바뀌는 질문 항목도 삭제한다.

이런 과정을 거쳐 최종적으로 완성된 질문지는 과학적 측정을 위한 '척도Scale'라 불린다. 인자의 구조에 근거해 산출방법을 결정한 점수는 측정하고자 하는 추상개념을 나타낸다. 그러므로 이 점수를 이용해 회귀분석을 하거나 아니면 흥미가 있는 다른 변수와 함께 분석하면 된다.

심리통계학 분야에서도 회귀분석은 자주 이용되지만, 이것 말고도 심리통계학자들이 좋아하는 기법 중 하나로 경로분석*이라는 것이 있다. 심리적 인자를 포함한 변수 간의 관계성을 타원(직사각형이라 해도 무방)과 화살표로 나타내는 것이다.

참고로, 히라키모토 히로야 교수가 저술한《연구개발의 조직행동》(중앙경제사)에 이러한 실증연구의 내용이 실려 있으므로 그 일부를 소개한다. 히라키모토 교수는 기업 연구자의 동기부여 과정을 분석한 결과, 실적이 좋은 연구자의 동기부여 과정은 〈도표 39〉처럼 나타난다고 했다.

〈도표 39〉에서 화살표에 적혀 있는 수치는 상관계수, 즉 -1~+1까지의 상관을 나타내는 지표와 같은 것으로 생각해도 무

* 정치 · 사회현상을 연구할 때 변수 간의 복잡한 인과관계를 모델화하는 데 필요한 방법.

도표 39 실적이 좋은 그룹에 포함된 연구자의 동기부여 과정

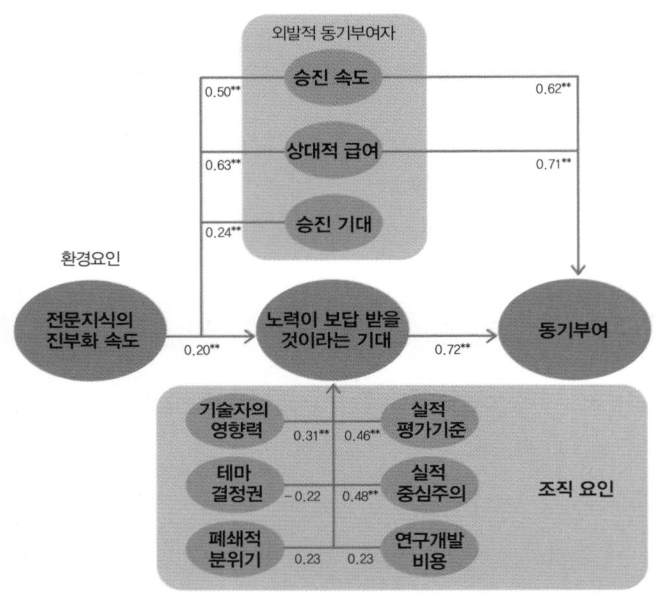

출처: 히라키모토 히로야, 《연구개발의 조직 행동》(중앙경제사)

방하다. 또 별표(*)가 붙어 있는 수치는 p- 값이 p〈0.05 가 되는 '오차로 보기 힘들다'라고 판단되는 수준의 관련성을 시사한다.

히라키모토 교수는 '보람', 즉 심리학적 이론에서 말하는 '내발적 동기'에 대해서도 물론 검토했다. 하지만 '사회에 대한 공헌'이나 '학습 또는 성장의 기회' 같은 '보람' 관련 인자는 실적이 좋은 연구자에게서 오차범위라고 생각할 수준의 영향을 미쳤

다는 결과가 얻어졌다(다만 실적이 나쁜 연구자에서는 관련성 있는 인자도 있었다).

아무래도 실적이 좋은 연구자는 대부분 일에 이미 충분한 보람을 느끼고 있어서 그 이상의 동기부여를 받으려면 급여나 승진이라는 물질적 보수를 주는 편이 낫다는 것이 히라키모토 교수의 연구 결과이다.

심리통계학자는 '질문지'에 목숨을 건다

심혈을 기울여 자신이 만든 질문지 척도를 다른 통계학자가 '설문지(앙케트)' 취급하면 심리통계학자는 진정으로 기분 상하게 마련이다. 설문지라는 것은 묻는 질문에 그대로 대답만 하면 되는 수준의 것일 뿐 추상개념을 과학적으로 측정하기 위해 질문이 궁리되어 있지는 않다. 따라서 자신이 공들여 만든 척도를 설문지에 비교하는 것 자체가 그들에게는 언짢은 일일 수밖에 없다.

일전에 내가 본 일이 있는, 어느 기업이 신입사원 채용을 위해 만든 '적성검사'는 두말할 것도 없이 '단순한 설문지'였다. 스트레스에 강하고 근성 있는 사람을 뽑고 싶은 마음이야 충분히 이해가 되지만, 그것을 직접 물었을 때 '저는 근성이 없습니다'라고 대답하는 취업 준비생은 아마 없을 것이다. 실제로 그 '적성검사' 결과는 채용에 거의 도움이 되지 않았다고 한다. 통계학자라면 꼭 입사 후 직원의 실적과 '적성검사'의 상관을 분석했으면 한다. 아마 이 회사는 1명 정도의 근성이 없는 직원이라도 좋으니 심리통계학을 공부한 사람을 인사부에 채용하는 편이 나을지도 모른다.

일반적으로 시장조사나 사회조사, 역학 연구를 하는 통계학자들의 상당수는 알고 싶은 내용을 있는 그대로 질문하면 된다며 낙관적으로 생각하기 십상이다. 얻어진 대답은 그대로 객관적 사실을 반영하고 있으며, 그렇지 않더라도 단순한 오차로 취급하면 된다고 생각하기 때문이다.

사회조사나 역학 연구의 질문지에 '여러분과 친한 사람 중에 담배를 피우는 사람이 있습니까?'라고 적혀 있을 경우, 단지 '간접흡연하는 사람이 몇 퍼센트 있는가' 혹은 '간접흡연이 건강에 정말 나쁜 영향을 미치는가' 따위를 알기 위한 질문인데도 심리통계학자들은 그렇게 단순하게 생각하지 않는다.

심리통계학자들은 답변에 응답자의 주관이 어느 정도는 반영돼 있다고 보고 100년 동안 인간의 주관을 담은 마음을 다루기 위해 노력을 거듭해왔다. 그들은 '흡연하는 친구가 있는 사람 중에도 그런 사실을 의식하는 사람과 그렇지 않은 사람이 있다' 그리고 '흡연에 혐오감이 있는 사람은 친구가 흡연자인데도 '친하다'라는 항목을 꺼림칙하게 받아들일 수 있다' 등 정확한 답변을 이끌어내는 데 제약이 되는 요소를 최소화하기 위해 똑같은 질문 항목이라도 다양한 형태로 준비해놓는다. 그런 다음 인자분석을 하고 거기서 얻어진 어떤 인자를 근거로 의미를 찾을지 결정한다.

시장조사를 할 경우 '소비자 행동론' 분야를 배운 사람은 심리통계학 계통의 지식과 인맥이 있으므로 시장조사 전문가와 조사방법에 대해 논의를 할 때가 많다.

다만 인자분석을 할 때는 몇 가지 인자를 가정할지, 인자 간에 상관이 있는 것을 허용할지 등 미세한 차이에 따라 결과가 달라질 수도 있으므로 주의가 필요하다. 자신이 생각하는 인자 구조가 되도록 시행착오를 반복하는 심리통계학자들의 작업은, 역학자나 생물통계가들이 볼 때 자의적으로 꾀를 부리는 것처럼 느껴지기도 한다.

아울러 경로분석을 하는 경우에도 그것이 최적 모델인지 어떤지는 확인하기가 쉽지 않다. 만일 7개 인자를 대상으로 경로분석을 했다면 거기서 2개를 꺼내는 조합은 21(= 7 × 6 ÷ 2)가지가 있다. 그리고 각각에 'A → B', 'A ← B', 'A ↔ B', 'A와 B 사이에 화살표 없음'이라는 네 가지 패턴의 관계성이 있었다면 총 84가지 모델의 타당성을 검증하지 않으면 안 된다. 그러나 심리통계학자가 모든 패턴을 시험하는 경우는 그다지 많지 않다. 그들이 보기에는 데이터의 적합성이 좋았다 하더라도 심리학적 해석이 불가능한 모델은 아무 의미가 없다.

이 때문에 질문지 조사항목이나 분석방법을 다룰 때 심리통계학자와 그 이외의 통계 전문가 사이에 의견차이가 생기는 것이다.

일반적으로 일본에서 이용되는 지능검사는 여기서 소개한 것처럼 주의 깊게 심리통계학적 검토를 거친 것은 아니다. 주로 '다나카-비네 식 검사'를 쓰는데 이는 본래 1905년 알프레드 비네 Alfred Binet, 1857~1911가 또래 아이와 함께 공부할 때 뒤떨어지는 아이를 찾기 위해서 자기 딸의 발달 과정을 관찰한 결과를 바탕으로 만들어졌다. 이 척도로 측정한 결과 우리 아이는 높은 점수를 얻었으니 '천재'라고 말하는 사람을 종종 보게 되는데 본래의 사용법을 잘못 이해해 발생하는 해프닝일 뿐이다.

심리 척도든 물리적인 척도든 본래의 정의와 척도의 용법이 함께 맞물려 있지 않으면 의미가 없기는 매한가지이다. '체격 좋은 아이를 찾고 싶다'고 했을 때, 농구선수로 키우려 하는지 씨름선수로 키우려 하는지에 따라 신장을 봐야 하는지 체중을 봐야 하는지가 달라진다. 차별을 조장할 수도 있는 지능검사는 사용법을 잘못 이해하면 의미를 확대 해석하게 만든다. 전제와 한계도 이해한 상태에서 목적에 맞게 이용할 때 심리통계학은 비로소 우리에게 무엇인가를 알려준다.

26
마케팅 현장에서 생겨난 데이터마이닝

통계학이 IT와 합쳐지면서 영향력이 폭발적으로 확대되었다는 것은 이미 언급했는데, 그 결과 생겨난 영역이 데이터마이닝이다.

통계 전문가가 IT기술을 활용해 계산을 하게 된 역사와는 반대로, 데이터마이닝은 IT의 진보에 의해 생겨났다. 그래서인지 IT 분야에서 '데이터마이닝'이라는 단어는 '통계학'보다 더 잘 알려져 있다. 나는 '새로운 분석용 데이터베이스를 도입했는데 어떻게 데이터마이닝을 해야 할지 모르겠습니다'라는 말은 들어봤어도 '어떻게 통계해석해야 할지 모르겠네요'라는 상담을 받아본 적은 없다. 그러나 실제 업무나 목적을 들어보면, '데이터마이닝 기법'보다 통계학적 기법이 더 필요한 경우가 적지 않았다.

고리타분한 통계학 교과서에 적힌 '회귀분석'이라는 단어보다 '누럴 네트워크neural network'라는 말이 왠지 근사하게 느껴지리라는 것은 안다. 또 '인공지능 영역에서 연구된 인간의 뉴런을 시뮬레이션해봤습니다'라고 말하면 왠지 대단한 전문가처럼 받아들여지기도 한다.

하지만 데이터마이닝과 통계학의 생각이나 기법이 어디가 다르고 무엇이 공통되는지만 알면 지금 자신에게 정말 필요한 것이 무엇인지 올바르게 판단할 수 있다. 이 절에서는 데이터마이닝에 대해 살펴보기로 한다.

의외로 짧은 데이터마이닝의 역사

데이터마이닝 분야가 언제부터 시작되었는지 한마디로 말하기는 매우 어렵다. '데이터마이닝'이란 단어 자체는, 1995년 KDD Knowledge Discovery in Database* 의 국제회의에서 '유용하고 새로운 지식을 데이터로부터 추출하는, 명확히 규정되어 있지 않은 일련의 절차'라는 말로 처음 표현되었다. 그 이전까지는 다양한 사람들이 다양한 의미로 뭉뚱그려 사용했던 것 같다.

피셔가 '생물통계학의 아버지'로 일컬어지듯이 폭넓게 '데이터마이닝의 아버지'라 불리는 사람은 아직 존재하지 않는다. 데이터마이닝은 학자가 아니라 마케팅이나 데이터 처리 '현장'에서 자연발생적으로 생겨났기 때문이다. 일찍이 데이터마이닝을 하던 사

---

* 기계 학습 등을 통해 데이터베이스에서 유용한 지식을 자동으로 발견해내려는 시도.

람 중에는 통계학적 소양을 전혀 갖추지 못했던 사람도 있다.

하지만 통계학자가 학생들을 직접 불러모아 설문조사 결과나 실험동물의 검사치를 종이 위에서 손으로 계산하던 시절부터 그들은 이미 대량의 데이터를 실제로 가지고 있었고 그 데이터로부터 도움이 되는 정보를 추출하려고 노력해왔다. 바코드 규격이 정리되어 슈퍼마켓에 POS 시스템이 보급된 것은 1970년대의 일이고 데이터베이스 업계의 지존인 오라클 사가 창업했던 것도 1970년대 후반이다.

그 시대만 해도 통계학자라서 '컴퓨터를 다룬다'라는 행위가 그다지 보편적이지 않았다. 나보다 20~30년 정도 연상의 교육종사자들의 말에 따르면 그들의 학창시절은 '간단한 통계해석이 가능한 프로그램만 다룰 줄 알아도 졸업논문을 작성'할 수 있었다고 한다.

'기저귀와 맥주'로 장바구니 분석

데이터마이닝의 여명기에는 데이터를 다루는 IT 기술자나 시장조사 전문가들에 의해 다양한 방식으로 응용되었다. 그중에서 유명한 것이 1993년 IBM의 라케시 아그라왈Rakesh Agrawal이 영국 백화점 막스앤스펜서에서 시도한 장바구니 분석Basket Analysis이라는 기법이다. 데이터마이닝에 관심이 있는 사람은 '기저귀와 맥주' 사례를 들어본 적이 있으리라고 본다.

도표 40 기저귀와 맥주의 구매 분석 ①

	맥주 구매	맥주 비구매	합계
기저귀 구매	20	30	50
기저귀 비구매	280	670	950
합계	300	700	1000

1000명 분의 '장바구니' 즉 슈퍼마켓에서 이루어지는 구매에 대해, '기저귀 구매 여부'와 '맥주 구매 여부'를 집계했는데 〈도표 40〉과 같은 결과가 얻어졌다고 하자. 맥주와 기저귀를 동시에 구매한 사람 20명, 맥주만 구매한 사람 280명, 기저귀만 구매한 사람이 30명이었고 아무것도 구매하지 않은 사람이 670명으로 나타나 있다.

아그라왈은 이 데이터를 분석해 우선 '기저귀를 산 사람 중 40%(50명 중 20명)가 맥주를 구매했다'는 부분에 주목했다. 맥주 이외의 상품과 비교해도 '기저귀를 구매한 사람'이 동시에 살 가능성이 제일 높은 것은 맥주였다. 그렇다면 기저귀를 산 사람에게 맥주를 추천하면 매출이 오를 것이라고 생각했다. 장바구니 분석에서는 이처럼 '어떤 상품을 산 사람이 다른 상품을 사는 비율'을 신뢰도Confidence라고 한다.

'정말 그렇네'라고 생각한 사람이 있다면 조금 더 기다렸으면 한다. 본래 기저귀를 사는 사람과 비교해 맥주를 사는 사람이 많다. 인간이 기저귀를 차는 기간은 고작 2~3년이지만 성인 남성의 상당수는 맥주를 마신다. 보통은 반수 이상의 장바구니 안에 맥주가 포함되어 있을 터인데, 기저귀를 사는 젊은 가장이 음주를 자제해 맥주 구매율이 40%에 머물러 있었다면, 맥주를 추천하는 의미가 없다.

그래서 장바구니 분석에서는 개선도Lift라 불리는 지표도 이용한다. 즉 기저귀의 구매와 비구매로 한정하지 않고 전체 고객 중 맥주 구매율(1000명 중 300명으로 30%)과 비교해 기저귀 구매자로 한정한 맥주 구매율(50명 중 20명으로 40%)은 도대체 몇 배가 되는지가 바로 개선도라는 지표이다. 여기서는 1.33이 기저귀 구매에 의한 맥주 구매의 개선도이다. 이것이 1 이상이면 뭔가 개선이 보인다고 판단하는 것이 장바구니 분석의 결론이다.

그러나 여전히 뭔가 불충분한 느낌이 드는데 그것이 무엇인지는 〈도표 41〉을 보면 알 수 있다.

아까와 마찬가지로 기저귀 구매자의 40%(5명 중 2명)가 맥주를 구매했으므로 신뢰도는 0.40이다. 또 기저귀의 구매와 비구매로 한정하지 않은 전체 고객 중 맥주 구매자도 변함이 없기 때문에 개선도도 마찬가지로 1.33이다.

도표 41 **기저귀와 맥주의 구매 분석 ②**

	맥주 구매	맥주 비구매	합계
기저귀 구매	2	3	5
기저귀 비구매	298	697	995
합계	300	700	1000

하지만 만약 기저귀와 맥주를 동시에 구매한 2명 중 누군가가 괜스레 변덕을 부려 맥주를 사지 않았다고 하자. 그렇다면 신뢰도는 0.20으로 반감하고, 개선도도 0.67이므로 '오히려 개악'이라는 결과로 나타난다. 게다가 본래 기저귀를 구매한 사람이 아주 적은 인원밖에 없었다면, '맥주를 살 가능성이 있다'고 예측했더라도 매출을 올리는 데는 그다지 도움이 되지 않는다.

그러니까 장바구니 분석에서는 '너무 적은 수의 조합'은 생각하지 않고 '맥주와 기저귀를 동시에 산 사람'이 전체에서 얼마나 되는지를 따지는데 이 값을 지지도Support라고 부른다. 〈도표 40〉에서는 지지도가 0.02(1000명 중 20명), 〈도표 41〉에서는 0.002(1000명 중 2명)로 각각 나타난다.

장바구니 분석보다는 카이제곱검정

이렇게 간단한 계산만으로 무엇인가 관련성 있는 상품을 찾아내는 것이 장바구니 분석의 이점이지만, 통계학을 아는 사람이라면 '좀 더 좋은 방식이 있다'는 사실을 곧바로 알아차린다. 구글사의 공동 설립자인 세르게이 브린Sergey Brin도 그중 한 사람이다. 그는 학창시절에 이미 '장바구니 분석보다 통계학적 상관분석이 낫다'는 내용의 논문을 발표한 바 있다.

이러한 분할표의 상관을 분석할 때, 통계학에서는 카이제곱검정을 계산하는 근간이 되는 카이제곱값을 이용한다. 카이제곱검정을 일반화 선형모델 안에서 설명할 수 있다는 것은 여러분도 이미 알고 있는 내용이다. 카이제곱값을 사용하면 피셔가 말하는 '추정치의 오차'를 고려할 수 있다. 따라서 지지도 지표를 볼 필요도 없이 카이제곱값이 크면 자동적으로 개선도도 크다고 판단하면 된다. 아울러 각 상품의 판매 유무처럼 변수가 2개인 경우에는 카이제곱값이 큰 조합을 선택하는 것과 상관계수의 절대값이 큰 쪽을 선택하는 것은 완전히 같은 의미를 담고 있다.

장바구니 분석에서는 개선도나 지지도를 보면서 이것저것 검토해야만 하지만, 카이제곱값을 사용했다면 오차에 휘둘리지 않고 관련성이 강한 상품 조합을 자동적으로 찾을 수 있다. 아마존사에서 상품을 추천할 때도 이러한 상관분석을 이용한다.

인공지능의 연구 결과로 태어난 고도한 기법

장바구니 분석처럼 단순한 계산방법뿐만 아니라, 데이터마이닝에서는 고도의 알고리즘이 이용되기도 한다. 여러분 중에 아마 누럴 네트워크neural network니, 서포트 벡터 머신support vector machine이니, 군집분석cluster analysis이니 하는 용어를 들어본 사람도 있으리라 본다.

이러한 기법 중 상당수는 인공지능 분야에서 자주 응용된다. 인공지능은 컴퓨터 과학 분야에서 오랜 세월 인기를 누려왔으며, IT 관련 기술자들이 학창시절부터 동경하던 첨단산업 중 하나일 것이다.

인공지능 분야에도 사고방식의 차이가 있는 몇 그룹이 존재하는데, 데이터마이닝에서 자주 이용되는 기법은 인간의 인지 기능을 '분류'라는 공간으로 귀착시키는 그룹에 의해 생겨났다. 예를 들어 우리 인간은 형태야 어떻든 간에 앉기 위해 만들어진 가구를 보면 단번에 '의자'라고 인지한다. 한편 컴퓨터는 무엇이 의자이고 무엇이 의자가 아닌지 스스로 판단하지 못한다. 인지는 곧 '의자'와 '의자 이외의 가구'의 분류에서 나타난다고 생각하는 개념이다.

인공지능에서 '분류'는 크게 두 가지로 나뉜다. 하나는 '교사 없는 분류'이며 다른 하나는 '교사 있는 분류'이다.

가구의 높이나 무게, 접지 부분의 개수 등의 데이터가 주어졌

도표 42 여러 가지 모양의 의자

더라도, 그밖에 '얼마나 유사성이 많은 그룹'이냐로 분류하는 방법도 생각할 수 있다. 의자끼리는 의자와 옷장을 비교할 때보다 당연히 데이터의 유사성이 많다. 이 점을 이용해 가구를 다양하게 분류하면 그중 하나가 '의자 혹은 그것과 데이터상 닮은 가구' 그룹이 존재할 것이라는 판단을 할 수 있다. 이것이 교사 없는 분류이며 대표적인 기법으로는 군집분석이 있다.

군집분석은 마케팅 전략으로 시장세분화(세그먼트)를 할 때 가장 많이 이용된다. 시장 또는 고객을 유사성이 많은 그룹으로 세분화해야 하기 때문이다. 마케팅에서 세그먼테이션을 하지 않으면 아무나 걸리라는 식으로 보편적인 상품을 만들어 광고에 의존해 파는 수밖에 없다. 하지만 고객의 가치관이나 미디어의 이용방식은 다양하게 나타나므로 광고비나 판매비가 중복적으로 지출되는 비효율이 발생한다.

자사의 고객 세그먼트를 '재벌가 며느리 지향주의자'와 '커리어우먼 지향주의자'로 좁힐 수 있다면, 각각에 맞춰서 상품 개발이나 광고 캠페인 진행이 쉬워진다.

군집분석은 '분류할 수 있다'는 사실 관계만 나타내므로, 분류된 결과를 보고 각각의 그룹(군집cluster)에 대한 내용은 사람이 해석해주지 않으면 안 된다. 군집분석은 시장조사 전문가가 자주 이용하는 기법으로 그들 중에는 알기 쉽고 외우기 쉬운 이름naming을 붙이는 등 시장 분석가만 할 수 있는 일까지 하는 사람도 있다.

하지만 가구의 데이터로부터 의자를 찾아내고 싶으면, 단순히 유사성에 의한 그룹 나누기를 하기보다는 '이것은 의자예요'라고 가르쳐주면 된다. 그러면 더 정확하고 신속하게 분류할 수 있다. 이게 바로 '교사 있는 분류'이다.

회귀모델을 '고리타분하다'고 말하는 데이터마이닝 전문가

통계학에서 '교사 있는 분류'를 하면, '의자인가 : 1', '의자가 아닌가 : 0'이라는 두 값의 반응변수를 이용한 로지스틱 회귀를 해야 하는데, 데이터마이닝 전문가들은 이런 기법을 '고리타분하다'든지 '원시적'이라고 생각하는 사람도 있다. 회귀모델에서는 '설명변수는 독립적으로 반응변수에 영향을 준다'거나, '설명변수와 반응변수의 관계성은 직선적이다'라는 분석만 할 수 있기 때문이다.

의자의 무게를 설명변수로 두고 의자인가 아닌가 하는 반응변수를 분석했을 때, 1*kg*의 의자와 2*kg* 의자의 차이이거나 10*kg*의 의자와 20*kg* 의자의 차이이든, '의자의 무게가 1*kg* 증가할 때마다 의자일 확률은 같은 값만큼 낮아진다' 하는 것이 직선적인 관계라는 말의 뜻이다. 반대로 1*kg*에서 2*kg*으로 증가했을 경우와 10*kg*에서 11*kg*으로 증가했을 경우, 반응변수에 미치는 영향이 다르다면 뭔지는 몰라도 '곡선적인 관계성'이 존재한다고 보아야 마땅하다.

물론 로지스틱 회귀에서도 교호작용을 추가하고 곡선적인 관계성을 분석할 수 있지만, 데이터마이닝 전문가가 보면 '일일이 시행착오를 거쳐야만 하다니 고생이 이만저만이 아니군(웃음)' 하며 안타까운 시선으로 바라볼 것이다.

한편, 누럴 네트워크나 서포트 벡터 머신이라는 기법을 이용하면 곡선적인 관계성이나 교호작용까지 포함해 가장 식별력이 높은 분류를 할 수 있다. 예를 들어 누럴 네트워크에서는 〈도표 43〉과 같이 입력 데이터로부터 '중간층'에 해당하는 값을 만들어낸다. 중간층의 수나 중간층에 포함되는 변수의 수는 몇 개로 설정해도 되는데 입력 데이터로부터 어느 항목을 이용해 각각 어떠한 의미로 중간층이 산출되는지는 자동적으로 계산된다. 여기에서 타원과 화살표는 신경세포인 뉴런과 그 사이의 연결을 의미한다.

한편 (교호작용을 사용하지 않는) 로지스틱 회귀에서는 단순히 입력 데이터로부터 직접 결과를 예측한다.(도표 44) 그래서 데이터마이닝 전문가는 회귀분석을 '고리타분하다'든지 '원시적'이라고 생각한다.

그리고 서포트 벡터 머신을 이용하면 곡선적인 방법으로 분류가 가능해진다.

〈도표 45〉는 '높이'와 '무게'라는 데이터만으로 의자와 테이블을 구별하는 예인데, 의자는 등받이가 있고 없음에 따라 '높이'가 둘로 나뉜다. 즉 테이블은 등받이가 없는 의자보다는 높고 등받이

가 있는 의자보다는 낮다. 이런 상황에서 로지스틱 회귀에 의한 분류를 하면 점선으로 표시된 직선의 어느 쪽인가라는 판정을 하게 되고 의자와 테이블을 하나하나 분류하게 된다. 이것을 서포트 벡터 머신을 사용해 〈도표 46〉과 같은 곡선적 분류를 하면 더 정확해질 수도 있다.

누럴 네트워크나 서포트 벡터 머신은, 곡선적 혹은 여러 변수에 의한 복잡한 관련성이 데이터 간에 존재하고 있다면 확실히 회귀모델보다 더 뛰어난 능력을 발휘한다.

도표 43 누럴 네트워크에 의한 분석

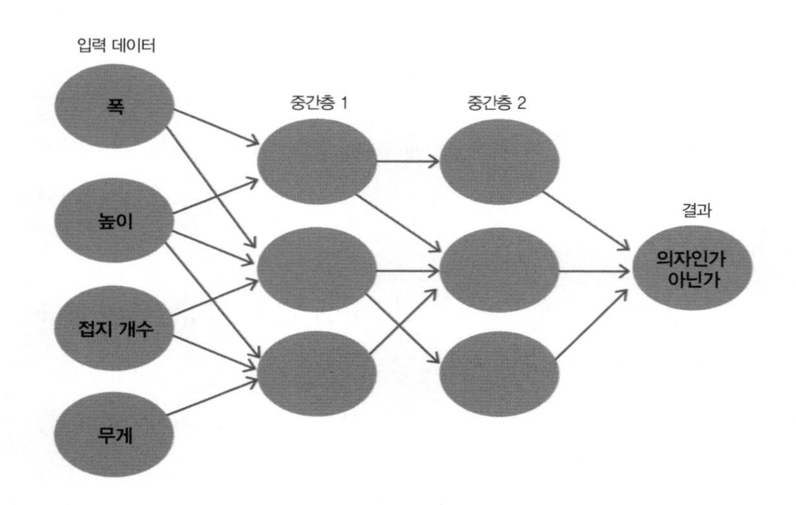

도표 44 로지스틱 회귀에 의한 분석

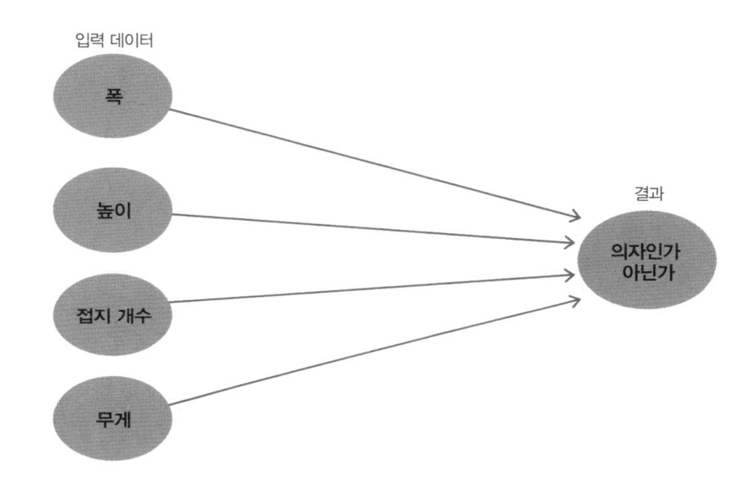

도표 45 로지스틱 회귀에 의한 분류

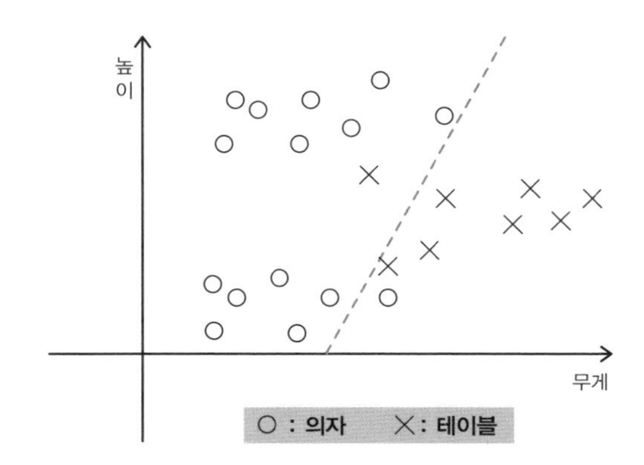

도표 46 서포트 벡터 머신에 의한 분류

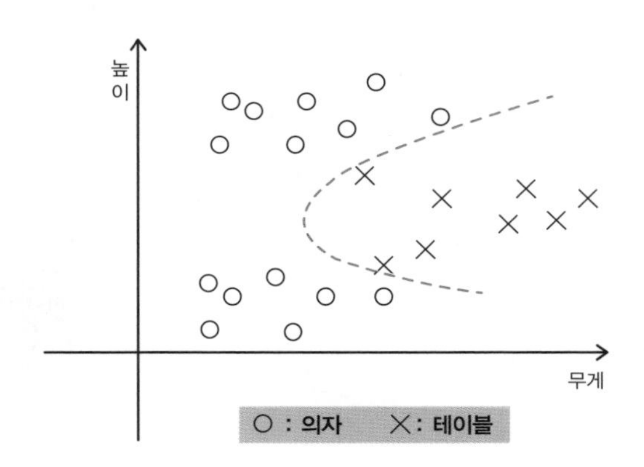

'예측'에 도움을 주는 데이터마이닝

다만 그런 이점을 누릴 수 있는 것은 어디까지나 분류나 예측이 목적인 경우로 한정된다. 단순한 로지스틱 회귀에서는 본래의 설명변수와 반응변수의 관련성을 간단하게 파악할 수 있다. 〈도표 44〉에 로지스틱 회귀에 의해 얻어진 오즈비를 표시하면 〈도표 47〉과 같은 결과로 나타난다.

어떤 가구가 의자일 확률은 폭이나 높이에 따라서는 그다지 변함이 없지만 접지 개수가 하나 늘어날 때마다 약 두 배로 늘고, 무게가 1*kg* 증가할 때마다 약 반으로 준다. 따라서 '가볍고 접지 개수가 많은 가구'를 선택할 때 의자일 확률이 높은 것은 누구라

도표 47 로지스틱 회귀에 의해 얻어진 오즈비

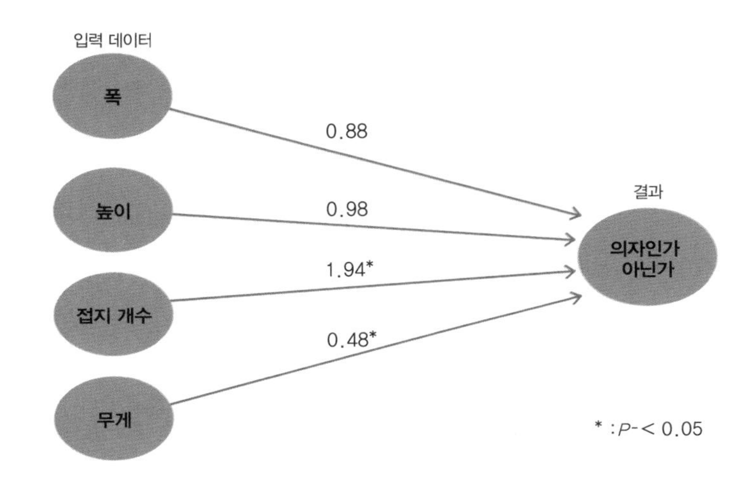

도 알 수 있다. 폭이나 높이가 그다지 참고가 되지 않는 것은 폭이 넓은 벤치 같은 의자도 있고 등받이에 따라 차이가 크기 때문으로 보인다.

아울러 누럴 네트워크의 복잡한 화살표가 각각 어느 정도의 관련성을 나타내고 있고, 또 서포트 벡터 머신의 곡선이 어떤 식으로 나타나는지 등의 결과는 사람의 눈으로 쉽게 분간할 수가 없었다. 그렇다면 아무리 예측의 정확도가 높아도, '실제로 어떻게 해야 되는가' 하는 판단은 내릴 수가 없다.

마케팅 조사를 한 결과, '상점 방문 빈도가 높고 브랜드 이미지를 좋게 생각하는 고객일수록 구매금액이 많았다'는 결과가 나타났다면 자주 방문하고 싶도록 만드는 캠페인이나 브랜드 이미지를 향상시키는 광고에 투자해야겠다는 정책목표를 세울 수 있다. 하지만 '지금까지의 계산은 잘 모르겠으나 고객의 구매금액을 예측하는 프로그램을 쓸 수 있었습니다'라는 식이라면 할 수 있는 행동이 아무것도 없다.

물론 고객이 구입할 상품을 예측한다든가, 탈퇴할 것 같은 고객을 사전에 탐지할 수 있다는, 예측 그 자체가 최종 목적이라면 데이터마이닝은 유효하다. 이러한 기법과 로지스틱 회귀의 예측 정확도를 비교했을 때 단 몇 퍼센트의 차이밖에 없는 경우도 자주 있는데, 그 몇 퍼센트가 큰 이익으로 이어진다면 당연히 데이터마이닝을 선택해야 한다.

그러나 예측 자체가 아니라 예측모델을 통해 앞으로 무엇을 해야 하는지 논의하고 싶다면, 회귀모델이 더 도움이 된다. 이러한 차이를 이해한 상태에서 적절한 기법을 선택하는 능력이 21세기의 통계학자에게 중요하다.

27
문장을 분석하는 텍스트마이닝

텍스트마이닝은 쉽게 말해 자연언어로 적힌 문장을 통계학적으로 분석하는 것이다. 자연언어란 프로그램 언어처럼 인공적으로 만들어진 것이 아닌, 한국어나 영어 같은 보통의 언어를 가리킨다.

고금을 통틀어 문장의 분석은 수학을 거의 사용하지 않고, 역사적 자료의 검토와 철학적 사색 그리고 문학적 상상력에 의해서만 이루어져 왔다.

내 주변에도 '숫자에 약해서'라는 이유만으로 문과계열로 진학한 사람이 여럿 있는데, 숫자에 약하더라도 셰익스피어의 희곡에 담긴 표현을 벤 존슨Ben Jonson, 1572~1637*의 시와 비교해 논하는 데

* 영국의 극작가, 시인, 평론가. 셰익스피어와 동시대의 작가로 당대에는 셰익스피어보다 더 유명했다고 한다.

특별한 문제가 없다.

하지만 문장 분석에 수를 적용하게 된 역사는 의외로 짧지 않아 19세기 무렵부터 행해졌다. 즉 문장 가운데 등장하는 단어의 종류나 길이, 하나의 문장 안에 포함되는 평균 단어 수 같은 식으로 계산에 의해 문헌의 특징을 파악하려는 움직임이 시도되었다. 이러한 연구를 '계량문헌학'이라 부른다.

계량문헌학이 바로잡은 '셰익스피어 = 베이컨설'

초기 계량문헌학의 연구자는 셰익스피어의 문체를 분석하려고 했다. 그가 남긴 희곡의 아름다움을 파헤치고자 한 것이 아니라 '그가 사실은 철학자로 유명한 프랜시스 베이컨Francis Bacom, 1561~1626이 아닌가?' 하는, 당시 공공연히 떠돌던 가설을 검증하기 위해서였다.

왜 그런 일을 벌였는지 의문스럽게 생각할지 모르지만, '셰익스피어는 실존인물이 아니지 않을까', '누군가의 필명이 아닐까'라는 논의는 18세기 때부터 반복적으로 이루어졌던 것 같다. 그는 평민 출신이므로 역사적 자료가 너무 적은데다가 그럼에도 비교적 귀족의 문화나 교양을 그리는 데 능숙했기 때문에 누군가 다른 지체 높은 인물이 작품을 쓴 것은 아닌가 하는 의심을 가졌던 것이다.

프랜시스 베이컨은 셰익스피어와 동시대를 살았던 위대한 철학자로 편견이나 선입관을 버리고 관찰과 실험을 통해 진리에 도달하는 귀납적 방법의 중요성을 강조했으며 통계 전문가라면 마땅히 존경해야 할 인물이다. 필시 베이컨이라면 문장력이나 교양에 비춰볼 때 셰익스피어의 희곡을 쓰기에 충분한 인물로 생각됐을지도 모른다.

그러나 두 사람의 문장을 비교했더니 평균적인 단어의 길이나 한 문장 속에 든 단어의 수가 동일하다고 볼 수 없다는 결과가 나왔다.(도표 48) 희곡과 철학 서적이니만큼 문체가 바뀌는 것은 당연하지 않느냐며 이의를 제기하는 사람도 물론 있었다. 하지만 우선 '항간에 떠도는 소문만큼 특별히 공통된 특징은 발견되지 않았다'

도표 48 셰익스피어와 베이컨이 사용한 단어의 글자 수 차이

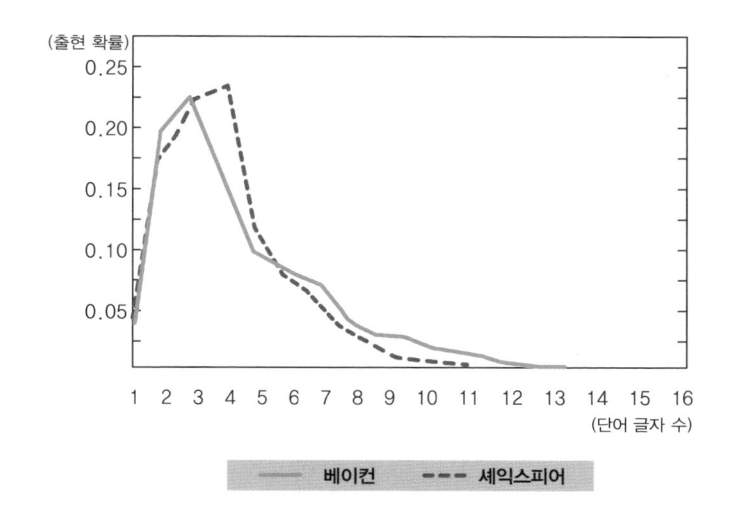

출처: Oleg Seletsky, Tiger Huang, William Henderson-Frost, 《The Shakespeare Authorship Question》

는 결과가 문장의 수치적 특징으로부터 시사되었다는 것은 크나큰 진보였다.

텍스트마이닝의 왕도 '형태소 해석'과 구글 검색의 비밀 'N-Gram'

19세기에 책 한 권 분량의 문장에 등장하는 단어 수나 글자 수를 세는 일은 매우 고된 작업이었음에 틀림없다. 그러나 IT가 발달한 오늘날, 그것은 매우 간단히 처리할 수 있는 일이 되었다. 지금은 많은 오픈소스의 형태소 해석 도구가 공개되어 있어서 문장 중 단어 사용 빈도의 분석이나 품사별 집계 그리고 두 문장 간 사용 단어의 유사성 분석 등을 손쉽게 할 수 있다.

형태소 해석이란 일반적으로 문장을 단어별로 분리해 어떤 단어가 몇 번 사용되었는지 집계하는 작업을 말한다. 또한 언어학적 용어로 '형태소'는 단어보다 짧은, '언어로서의 의미를 가지는 최소 단위'를 가리킨다. 예를 들어 '불안정하다'라는 형용사는 부정을 나타내는 접두사 '불'과 '안정'이라는 명사에 형용사를 만드는 접미사 '하다' 등의 형태소로 나눌 수가 있다. 하지만 이 정도까지 너무 자세하게 나누면 오히려 본래의 뜻으로 이해하는 것보다 더 복잡해지기 때문에 대부분의 형태소 해석 도구는 단어 분할에만 그치는 것 같다.

형태소 해석을 하려면 우선 단어의 정보가 정리된 사전 데이터가 필요하다. 기본적으로는 문장 안에 있는 단어와 사전 데이터

도표 49 미캡에 의한 형태소 해석 결과

부사	굳이
명사	단언
동사	하건대
기호	,
관형사	모든
명사	학문
명사	중
조사	에서
명사	통계
명사	학
조사	이
명사	최강
조사	의
명사	학문
조사	이다
기호	.

안의 단어가 일치하는 것을 찾아서 정리할 필요가 있기 때문이다.

실제로 구글 사의 일본어 입력 개발자 중 한 사람인 구도 다쿠 씨에 의해 만들어진 미캡MeCab이라는 형태소 해석 도구로, '굳이 단언하건대, 모든 학문 중에서 통계학이 최강의 학문이다.'라는 문장을 형태소 해석해보면 〈도표 49〉처럼 나타난다.

'통계학'은 하나의 명사(복합명사)로 해석했으면 하는 바람이 있지만, 어쨌든 이것을 품사별 백분율로 집계하면 〈도표 50〉처럼 된다.

형태소 해석과는 다른 접근법으로 사전을 사용하지 않는 엔그램N-Gram이라 불리는 방식도 있다. 기계적으로 중복을 허락한 N(임의의 수) 문자씩으로 문자열을 자르고 거기서 요구하는 단어를 찾

도표 50 **도표 49의 품사별 백분율 집계**

품사	집계	%
명사	7	43.75%
조사	4	25.0%
기호	2	12.5%
동사	1	6.25%
부사	1	6.25%
관형사	1	6.25%
합계	16	100.0%

는 방식이다. 만약 N이 5라면 '통계학이 최강의 학문이다.'라는 문장으로부터는, '통계학이 최'(1-5 글자), '계학이 최강'(2-6 글자), '학이 최강의'(3-7 글자)… '학문이다.'(마지막 5 글자) 같은 식으로 5글자씩의 그램이 생성된다.

방금 전의 형태소 해석에서는 '통계학'이라는 단어가 사전에 존재하지 않았기 때문에 '통계'와 '학'이 서로 다른 단어로 인식되었다. 그래서 형태소 해석을 끝낸 다음, '통계학'이라는 단어의 유무를 조사하면 '그런 단어는 존재하지 않습니다'라는 결과가 나타난다. 엔그램에서는 5글자라는 그램 이하의 글자 수인 '통계학'이라는 단어도 확실히 발견된다는 이점이 있다. 구글에서 그다지 일반적이지 않은 단어를 검색해도 해당하는 페이지가 펼쳐지는 것은, 그 배후에 방대한 양의 엔그램 데이터가 존재하기 때문이다.

비즈니스에서 텍스트마이닝을 활용하는 법

텍스트마이닝에 종사하는 전문가는 크게 두 부류로 나뉜다. 하나는 문학, 역사학, 사회학 등 인문학 계열의 교육을 받은 사람, 혹은 그러한 배경을 가진 이들에게서 지도를 받은 사람들이다. 그들은 텍스트마이닝 도구를 사용해 자료의 활용도를 높이거나 자기 이론을 증명하려고 한다.

다른 하나는 IT적 발상에서 자연언어 처리라는 주제에 흥미를 가진 사람들이다. 그들은 우리 인간이 일일이 확인하면 분명히 처리할 수 있는 형태소 해석 작업을, 기계적인 알고리즘으로 신속하고 정확하게 하려면 어떻게 해야 하는지 끊임없이 연구한다. 예를 들어 단순한 사전과의 일치 검색뿐만 아니라 전후 단어의 정보를 이용해 추정 정확도를 높이기 위한 연구를 하는 것이 그들의 관심사이다. 또 형태소 해석 결과를 데이터마이닝하는 연구도 활발하게 진행되고 있다.

이러한 기술을 비즈니스 영역에 응용하려는 노력은 비교적 오래전부터 시도되었다. 일례로 고객지원센터로 쇄도하는 문의 내용의 분석을 들 수 있다. 통화 종료 후에 상담원이 적는 보고서나 전자메일 문의 내용을 바탕으로 자주 사용되는 말을 집계하거나 클러스터링을 하면 '어떤 내용의 문의가 많은지'가 밝혀진다. 그런 데이터만 있으면 대응 매뉴얼이나 FAQ의 정비를 통해 인건비를 대폭 줄일 수 있다. 이런 방법은 IBM을 비롯한 수많은 회사에서 사용되고 있다.

게다가 문의메일을 자동적으로 형태소 해석을 하고 키워드 분류에 의해 선별된 FAQ를 오퍼레이터의 단말기에 표시하는 시스템을 도입한 곳도 있다. 대다수 문의에 대해서 오퍼레이터는 권장 FAQ를 붙여넣기만 하면 되므로 해야 할 일이 엄청나게 준다.

설문조사의 자유의사표시 난에 등장하는 단어를 집계하는 것도 자주 이루어지는 응용 예 중 하나이다. 고객 수가 증가하면 자유롭게 기술한 의견 전부를 살펴보는 것이 힘들어지지만, 형태소 해석을 해 단어의 사용빈도를 집계하면 전체적인 윤곽을 파악하기가 수월해진다.

최근에는 SNS를 통해 전달되는 방대한 분량의 텍스트에 대해서도 텍스트마이닝이 응용되고 있다. 회사명 또는 자사 상품명이 실린 블로그 기사나 트위터는 그 자체로 무시할 수 없는 '고객의 소리'이다. 따라서 일일이 살펴보기는 어렵지만 텍스트마이닝을 통해 그 전체상을 파악하면 생각지도 못했던 신상품이나 프로모션 캠페인의 아이디어를 끌어낼지도 모르는 일이다.

텍스트마이닝을 활용하는 그밖의 통계 리터러시

통계 전문가의 관점에서 텍스트마이닝 분야에 공통적으로 적용되는 과제를 지적한다면, 그들은 대체로 자연언어에만 너무 초점을 맞추고 있다는 점을 들 수 있다.

형태소 해석을 하면 분명 문장이라는 비구조화 데이터를 단어의 출현 유무라는 더미변수로 변환할 수가 있다. 이로써 문장을 통계학적으로 처리할 수 있게 된 것은 훌륭한 진보이지만, 단순 집계나 분류에 의해 전체상을 파악하는 것만으로는 아쉬운 점이 너무 많다. 문장 속에 무슨 단어가 어떤 조합으로 등장하는지 등의 정보는 대부분 모두 방대한 수의 설명변수는 될지언정 추구해야 할 결과는 아니다.

그러나 일본의 비즈니스 분야에서 응용되는 사례를 살펴보면 텍스트마이닝을 가치에 연결시키려는 노력은 이미 시작되고 있다. 예를 들어 영업일지를 텍스트마이닝해 성공사례와 실패사례 간에 단어 빈도상으로 어떤 차이가 있는지 분석해 기회손실을 줄일 수 있다는 연구결과가 있다. 유가증권 시장분석 보고서에 등장하는 단어를 정리하고 그 후 도산하는 기업과 그렇지 않은 기업 사이에 어떠한 단어 빈도상의 차이가 있는지 분석한 사람도 있다.

어쨌든 문장 안에서의 단어 사용빈도뿐만 아니라 문장 밖에 있는 반응변수와의 관계성을 분석할 때 비로소 가치를 낳는 전략이 모습을 드러내는 법이다.

텍스트마이닝의 배후에 있는 기술을 능숙하게 다루기 위해서는 당연히 고도로 숙련된 통계학 지식이 필요하다. 그러나 이용 도구만 다룰 줄 알면 누구라도 간단하게 활용할 수 있다. 하지만 그 결과로부터 어떤 가치를 낳는지 종합적으로 판단하기 위해서는 결국 통계 리터러시가 중요한 역할을 한다.

28
'연역'의 계량경제학과 '귀납'의 통계학

계량경제학자는 경제학 분야에서 통계학을 이용하는 사람들의 통칭이지만, 계량경제학과 통계학의 경계는 확실히 구분 짓기가 어려울지도 모른다.

수십 년 전이라면 '사회나 경제 분야를 다루면 계량경제학자', '농업이나 의료에 종사하면 생물통계학자'라고 구분하는 것에 그다지 저항을 느끼는 사람이 분명 없었다. 하지만 생물통계학에서 생겨난 기법은 오늘날 많은 분야에서 사용되고 있고, 이는 계량경제학자들이라 해도 예외는 아니다. 지금은 피셔나 피어슨이 창안한 기법이나 생각을 굳이 '생물통계학'이라 부르지 않으려는 사람들이 늘어나는 추세이다. 일반적으로 '통계 전문가'라 하면 심리학이나 사회조사 등에서 명확한 구별을 하지 않는 한 피셔의 생물통계학을 근간으로 통계학을 배우고 익힌 사람들을 지칭하는 경우가 많다.

현재의 고용 유무를 반응변수로 놓고 교육받은 기간이나 과거의 세대 수입, 인종, 거주 지역이라는 사회적 속성을 설명변수로 둔 회귀분석은, 계량경제학자가 할 수도 있고 사회학 분야의 통계학자가 할 수도 있다. 하지만 그런 가운데서도 역시 계량경제학자는 통계학자로서 특수한 위치에 놓여 있다.

표면상의 차이를 굳이 들자면, 계량경제학자는 통계학자보다 교호작용 항목을 포함한 설명변수의 선택을 더욱 신중하게 검토하는 경향이 있을지도 모른다. 또 그들은 종종 설명변수와 반응변수 사이에 직선적인 관계성뿐만 아니라 데이터마이닝과 통계학의 차이 같은 곡선적인 관계성을 생각하기도 한다. 일례로 단순히 세대 수입을 설명변수, 생활 만족도를 반응변수로 놓고 회귀분석을 했을 경우의 회귀계수는, '연수입이 100만 엔 증가할 때의 효과는 모든 사람에게 평균적으로 똑같다'고 생각한다.(도표 51)

한편, 이 그래프를 자세히 살펴보면 '연수입이 300만 엔에서 400만 엔으로 올랐을 경우와 900만 엔에서 1000만 엔으로 올랐을 경우 생활 만족도에 미치는 영향'은 다를 것으로 생각했을지도 모른다. 즉 세대 수입과 생활 만족도의 관계성은 곡선 형태의 그래프로 나타내는 것이 올바르다고 생각했을 것이다.(도표 52) 이런 경우를 가리켜 '곡선적인 관계성'을 추정한다고 표현한다. 이때는 '세대 수입의 제곱' 또는 '세대 수입의 로그변환'을 회귀분석의 설

도표 51 직선적인 관계성

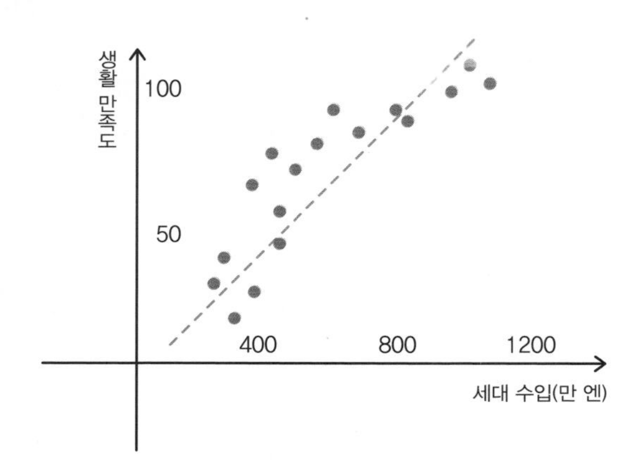

도표 52 곡선적인 관계성

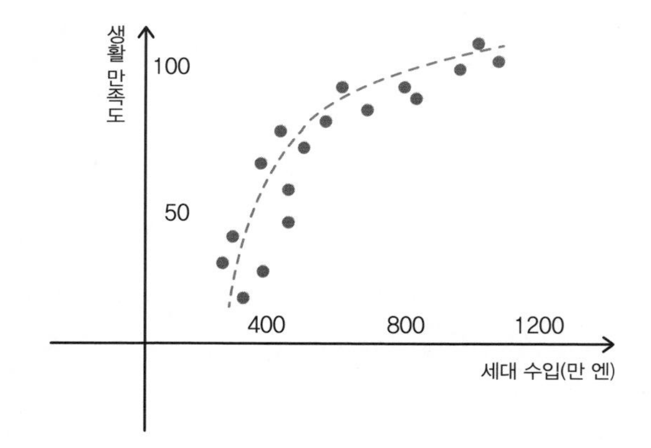

명변수로써 이용하게 된다.

또 많은 통계학자가 두 값의 반응변수에 대해 로지스틱 회귀를 이용하는 한편, 계량경제학자는 프라빗 회귀probit regression라는 기법을 즐겨 사용한다. 프라빗 회귀가 로지스틱 회귀보다 수리적으로 깔끔하기는 해도 추정된 회귀계수가 로지스틱 회귀의 오즈비와 같이 '약 X배가 된다'는 식이 아니어서 직감적으로 해석하기 어려운 점이 있다.

이전에 소개한 것처럼 통계학자들이 인과 추론을 위해 성향점수를 이용하는 상황에서는, 계량경제학자는 처리 효과treatment effect 모델이라든지, 헥킷Heckit이라 불리는 기법을 즐겨 이용한다. 이것은 노벨 경제학상 수상자인 제임스 헤크먼James Joseph Heckman, 1944~이 1974년부터 1979년에 걸쳐 연구한 내용을 담은 일련의 논문을 통해 제안되었다. 참고로, 나는 지금까지 경제학적 학문 배경이 없는 통계학자가 이 기법을 사용하는 경우를 본 일이 없다.

통계학과 계량경제학의 '본질적' 차이

통계학과 계량경제학의 표면적 차이는 위에서 살펴본 그대로이고 중요한 것은 그 배경에 있는 철학이다. 경제학과 통계학이라는 학문은 둘 다 '사회에 존재하는 숫자를 분석하는 학문'처럼 보일지는 몰라도 어떤 의미에서는 완전히 다른 철학을 가지고 있다. 계량경제학은 경제학 분야 안에서 다른 무엇보다도 통계학에 기초해 다뤄지는 학문이지만, 그래도 여전히 채워져야 할 미진한 부분은 있다.

둘 사이에 존재하는 완전히 다른 철학이란 '귀납'과 '연역'이라는 말로 대변할 수 있을 것이다.

일반적으로 과학적 추론의 형식은 크게 귀납과 연역으로 나뉜다. 귀납은 개별 사례를 모아 일반적인 법칙을 이끌어내려는 방식이고, 연역은 있는 사실이나 가정에 근거해 논리적 추론에 의해 결론을 도출하려는 방법론이다.

피셔의 제자인 C. R. 라오C. R. Rao, 1920~*는 '통계학의 발전 덕으로 귀납적 추론의 불확실성이 수량화됨으로써 우리의 사고가 크게 발전하게 되었다'라고 밝혔다. 데이터란 개별 사례를 알기 쉽게 정리한 것이며, 통계학의 목적은 귀납적 추론이다. 이 경우 추정된 회귀모델 등이 '사례를 모아 도출된 일반적인 법칙'에 해당될 것이다.

한편 연역의 대표적인 사례로서는 뉴턴의 운동법칙을 꼽을 수 있다. 그는 물체의 운동을 설명하는 세 가지 법칙을 제시함으로써 야구공에서 태양계의 혹성에 이르기까지 우주에 걸쳐 있는 모든 움직임의 원리를 밝혀냈다.

그가 가정한 세 가지 법칙은 다음과 같다.

* 인도 출생, 캘커타 대학 석사, 케임브리지 대학에서 피셔의 제자로 학위 취득.

① 운동의 제1법칙(관성의 법칙): 모든 물체는 외부로부터 힘을 가하지 않는 한 속도의 크기나 방향은 변함없다.

② 운동의 제2법칙(가속도의 법칙): 물체가 힘을 받으면 그 힘이 움직이는 방향으로 가속도가 생긴다. 가속도는 힘의 크기에 비례하고 물체의 질량에 반비례한다.

③ 운동의 제3법칙(작용 반작용의 법칙): 힘은 교호작용에 의해 생긴다. 두 물체 사이에 주고받는 힘의 크기는 같고 방향은 반대이다.

참고로, 이들 법칙 자체의 진위는 판단할 방법이 없다는 점에 주의했으면 한다.

일례로 운동의 제1법칙은, 바꾸어 말하자면 '물체의 속도를 변화시키는 것은 힘이다'라고 말하는 것에 지나지 않기 때문이다. 물론 다른 의미에서 '힘'이라는 표현을 사용하는 사람도 있지만, '뉴턴은 앞으로 이런 의미로 힘이라는 말을 사용합니다'라고 선언한 것을 두고 잘못되었다느니 올바르다느니 왈가왈부할 필요는 없을 것이다.

어디까지나 뉴턴이 최초로 제시한 운동의 법칙은, '다른 이론이 나오기는 힘들 것이다'라는 논의의 전제이다. 그러나 이 단순한 가정에 의해 얻어지는 수식을 사용해 연역을 넓히면 우리 눈에 들어오는 대부분의 움직임(운동)은 설명이 잘된다. 또 그렇게 이론을 정립함으로써 관찰이나 실험에 근거하는 이론의 실증, 즉 귀납적인 추론의 방향도 설정할 수 있다.

뉴턴의 단순한 가정은 우주의 삼라만상을 설명하는 이론을 체계화하는 과정에서 물리학뿐만 아니라 그 후의 모든 분야의 학자들에게 많은 영향을 주었다.

예를 들어 공산주의의 이론적 배경을 낳은 칼 마르크스Karl Marx, 1818~1883는 인간 사회에도 자연과 마찬가지로 객관적 법칙이 존재하며 인류 역사는 생산력의 발전만으로 설명할 수 있다는 유물사관을 제창했다. 피셔 이전의 통계학자인 아돌프 케틀레Lambert Adolphe Jacques Quetelet, 1796~1874는 천체의 운동처럼 인간의 움직임에서도 법칙성을 찾아낼 수 있다고 보고 사회물리학이라는 이름 아래서 인간에 관한 데이터를 수집했다. 어쩌면 골턴도 다윈의 진화론을 수학적으로 기술함으로써 생물학 분야에서 뉴턴과 같은 존재가 되고 싶었는지도 모를 일이다.

더 나은 모델을 추구하는 계량경제학자

그들의 시도는 대부분 성공하지 못했지만 물리학 이외의 분야에서 뉴턴적인 연구 방법으로 성공한 얼마 안 되는 학문 중 하나가 경제학이다.

경제학자는 뉴턴이 '모든 물체는 외부에서 힘을 가하지 않는 한 속도는 변함없다'라고 가정한 것처럼, '모든 경제활동은 물물교환에 지나지 않는다'거나 '소비자는 기대효용(만족감과 같은 것)을 최대화하는 방향으로 행동한다'라는 가정에서 출발해 가격 · 지출

· 저축 등의 관계성을 기술한 연립방정식을 바탕으로 연역을 반복함으로써 개인이나 사회의 균형 상태를 설명하려고 한다.

그래서인지 계량경제학자는 추정을 할 때마다 회귀분석 결과를 자주 응용한다. 역학자는 담배가 암의 위험요인이라는 것을 밝혀내면 그만이지만, '이 추정이 올바르다고 할 경우 일본 전체로 보아 어느 정도의 손실이 나타나는가' 하는 연역은 계량경제학자가 할 일이다. 앞에서 일본은 흡연에 의해 해마다 7조 엔 이상의 경제 손실을 입는다고 했는데, 이것 역시 계량경제학적 추정의 결과이다.

예를 들어 성별, 연령대별, 흡연 유무에 의해 발암 위험요인으로 추정되는 모델이 얻어졌다면 현 시점의 성별과 연령대별 흡연율을 바탕으로 현재의 흡연에 의해 앞으로 발암 가능성이 있는 인원 수를 연역할 수 있다. 거기에 암환자의 의료비라는 새로운 데이터를 추가하면 '담배 탓에 불필요하게 지출되는 의료비'라는 경제적 손실금액까지 연역해낼 수 있다.

다만 이 경제적 손실이라는 최종 목적지에 도착하기까지는, '회귀계수는 성별과 연령대만 고려하면 다른 집단에서도 타당한 것으로 본다'거나 '암환자 1인당 의료비는 향후에도 변화하지 않는 것으로 한다' 등의 가정을 미리 세워놓아야 한다.

역학자나 생물통계학자는 일반적으로 귀납에 의해 법칙을 이끌어낸다고는 해도 '어차피 임의 표본은 아니고 오차가 있을 수도 있으며 다른 집단에서 이 회귀계수가 일치할지 어떨지는 모른다'

라며 일반화 부분에 관해서는 비교적 느슨한 잣대를 들이댄다. 이에 대해 일부 계량경제학자는 역학자나 생물통계학자를 가리켜 '겁쟁이'라 비하하기도 한다. 역학자나 생물통계학자는 '어디까지나 이번에 조사한 대상 집단만 보면'이라는 전제를 미리 달아놓고 인과 추론만 하거나 '다른 집단에서 응용할 때에는 주의하십시오'라는 단서를 붙여 결과를 보고한다. 또 그들은 흥미가 있는 원인과 결과의 관계성만 올바르게 추론하면 그만이기 때문에 성별이나 연령대 같은 다른 변수를 포함한 모델을 전 국민에게 적용했을 경우의 타당성 여부에는 부차적인 관심밖에 보이지 않는다는 것이다.

그러나 계량경제학자의 입장에서 볼 때는 연역의 대상이 되지 않는 모델은 경제학의 진보에 도움이 되지 않는다. 그들은 역학자나 생물통계학자보다 더 열심히 갖은 수단을 다 써서라도 최적의 모델을 만들기 위해 노력한다. 임의 표본추출에 의해 사회조사 데이터를 해석하려는 것도 그 한 가지 방식이다. 최적의 모델을 만들면 그만큼 향후 연역에 의해 잘못된 결론이 내려질 가능성이 적다. 다만 아무리 최적의 모델을 만들었다 해도 누럴 네트워크의 결과처럼 연립방정식의 형태로 나타낼 수 없는 것에는 그다지 흥미를 느끼지 않는다고 한다.

참고로 나는 헤크먼의 처리 효과 모델과 성향점수 사이에도 '연역에 이용하기 위한 모델'과 '인과관계의 왜곡 요인을 조정하기 위한 모델' 같은 사상의 차이가 존재한다고 생각한다.

성향점수를 이용한 분석은 임의화 비교실험과 마찬가지로 '흥미가 있는 요인 이외의 조건은 거의 같다'라고 간주하는 것이었다. 거기에 더해 성향점수를 회귀모델에 이용해 복수의 설명변수가 반응변수에 미치는 영향을 정확히 분석하게 된 것은, 1994년 하버드대학의 로빈스 교수가 발표한 논문의 영향이 크다. 그러나 헤크만은 1970년대에 이미 회귀분석 방법론을 제창했으며 이후에도 끊임없이 개선을 위해 노력하고 있다.

그렇다고 해서 입담 센 일부 계량경제학자가 주장하는 '통계학자는 경제학자보다 연구 수준이 20년 뒤처져 있다'라는 말을 거들려는 것은 아니다. 역학자나 생물통계학자라면, 성향점수에 의존하는 층별 해석을 할 때 임의화 비교실험처럼 '평균적으로는 그 외의 조건이 동일하다'라고 생각한다면 인과 추론의 여지는 충분하다. 그러나 계량경제학자에게 '공정한 비교'는 그 자체가 목적은 아니고 연역을 위한 최적의 모델을 얻기 위한 수단에 지나지 않는다.

영향력이 커지는 계량경제학

대부분의 통계학자는 가급적 가정을 적게 하려는 경향이 있다. 잘못된 가정 때문에 인과 추론의 결과도 잘못될 가능성이 커지기 때문이다. 하지만 가정이 어느 정도 올바르다면 연역에 의해 데이터로부터 더 많은 정보를 이끌어낼 수 있는 것 또한 사실이며 그러한 가정의 올바름을 검증하는데도 통계학은 유효한 학문이다.

계량경제학이나 통계학에서는 추론된 결과뿐만 아니라 어떠한 가정이 배후에 있고 또 그 가정이 어느 정도 확실한지를 이해하는 것이 중요하다. 그러므로 추정 과정에서 어떤 기법을 이용했는지는 어디까지나 사소한 문제에 지나지 않는다.

연역과 귀납, 혹은 이론과 실증 사이를 연결하는 계량경제학의 중요성이 인식되고 그 지위가 경제학 안에서 확고하게 자리 잡게 된 것은 최근의 일이다. 경제학 분야의 거물 중의 거물인 존 메이너드 케인스John Maynard Keynes, 1883~1946는 통계학적 기법을 이용하는 계량경제학을 가리켜 '미신이나 다를 바 없는 이상한 학문'이라고 말했으며 경제학 내부에서는 종종 좋든 싫든 '이론 없는 계측'이라고 표현한다. 경제학에서 이론이 얼마나 중요한지를 여실히 드러내는 표현이다.

통계학이 '최강의 학문'이 된 것과 마찬가지로 계량경제학도 데이터의 정비, IT의 발전과 더불어 강력한 힘을 갖게 되었다. 앞으로도 경제학의 모든 이론은 계량경제학의 실증에 노출되어 우리 사회를 더욱 풍요롭게 발전시킬 것으로 보인다.

29
베이즈파와 빈도론파의 확률을 둘러싼 대립

지금까지 사회조사나 심리통계학, 데이터마이닝, 계량경제학 등 다양한 분야의 통계학을 살펴보았는데, 이제 마지막으로 모든 분야에 걸쳐 존재하는 '확률 자체'를 둘러싸고 벌어지는 대립을 소개하고자 한다.

대립의 중심축에 서 있는 것이 빈도론자와 베이즈론자이다. 둘의 차이는 한마디로 '확률을 미리 상정하는가', '상정하지 않는가'로 표현할 수 있다.

이해를 돕기 위해 여기에 두 종류의 동전이 있다고 가정하자. 하나는 앞면과 뒷면이 나올 확률이 반반인 '진짜 동전'이며, 다른 하나는 앞면이 나올 확률이 80%, 뒷면이 나올 확률이 20%인 '가짜 동전'이다. 둘 다 외형이나 무게 등으로는 전혀 구별되지 않는다고 보고, 몇 번인가 던진 회수를 집계 분석해 진짜 동전인지 가짜 동전인지 각각의 입장에서 판단해보자.

빈도론파는 단순하게 생각한다

빈도론, 즉 피셔와 같은 사고방식에 근거하는 통계학자가 10번 던진 중 10번 모두 앞면이 나왔다는 데이터를 얻었다고 하자. 이 동전이 진짜 동전이라고 말할 수 있을까? 누군가 이 동전을 진짜라 했다고 가정하자. 그리고 그 가정 아래서 10번 중 전부가 앞면이 되는 확률을 계산할 것이다. 즉 '2분의 1의 확률로 나오는 앞면이 우연히 10번 전부 나올 확률은 2의 10제곱분의 1, 즉 0.10%이다. 앞에서 이야기한 밀크티에 정통한 부인이 '만약 아무렇게나 대답했더라도 열 잔 전부 맞힐 확률'과 완전히 같은 값으로 나타나는데, 이 0.10%라는 확률이 이른바 p-값이다. 다시 말해 이런 기적 같은 확률이 실제로 일어났다고 생각하기보다는, 본래의 '이 동전은 진짜'라는 가정을 '생각하기 어렵다'라며 버리는 편이 이치에 합당하다고 판단하는 것이다.

다음에 '이 동전은 가짜 동전'이라고 가정하면 어떻게 될까? 방금 전처럼 똑같이 계산하면 '80%의 확률로 나오는 앞면이 우연히 10번 전부 나올 확률은 10.74% 정도이다. p-값이 10.74% 정도라면 그다지 기적적이라 말할 수준은 아니다. 그러니까 이 가정을 완전히 버릴 수는 없다.

한쪽의 '진짜 동전'이라는 가설이 버려지고 다른 한쪽의 '가짜 동전'이라는 가설은 버리지 못한다면, 이것은 가짜 동전이라고 생각하는 편이 타당성을 갖게 된다. 좀 더 쉽게 생각하고 싶으면 우선 1만 번 정도 동전을 던져보고 그중 앞면이 몇 번 나올지 세어보면 된다. 아마 진짜 동전이라면 5000번 전후로 앞면이 나올 것이고 가짜 동전이라면 8000번 전후로 앞면이 나온다.

빈도론은 확률을 이렇게 '몇 번 중 몇 번'처럼 '빈도'로 파악한다는 의미이다. 그리고 이때 진짜 동전으로 앞면이 8000번 전후 나오는 p- 값도, 가짜 동전으로 앞면이 5000번 전후 나오지 않는 p- 값도 모두 현저하게 낮다.

베이즈파는 '사전확률'과 '사후확률'을 생각한다

한편 베이즈론자가 이 동전을 분별할 때는 우선 아무 정보도 없는 시점에서 어느 정도의 확률로 이 동전은 진짜인가 가짜인가를 생각한다. 이 시점의 확률을 사전확률이라 부른다. 사전확률은 아무 값으로 설정해도 상관없다. 동전을 가진 상대방의 인상이 나쁘기 때문에 가짜일 가능성이 7 : 3이라고 생각한들 베이즈론자에게는 아무런 문제가 되지 않지만, 여기서는 일단 반반이라고 상정해 방금 전처럼 '10번 던져 10번 모두 앞면이 나왔다'라는 결과로부터 추측을 하자.

빈도론자의 계산방법과 마찬가지로 동전이 진짜일 경우 10번 모두 앞면이 나올 조건부확률이나 가짜 동전일 경우 변함없이 각각 0.10%, 10.74%이지만, 베이즈론자의 계산방법은 그다음부터가 조금 다르다.

베이즈론자는 진짜인 경우와 가짜인 경우 등 각각의 상황에서 사전확률과 조건부확률의 곱셈을 한다. 따라서 아래와 같은 계산식이 성립한다.

① 진짜의 사전확률 × 진짜인 경우 10번 모두 앞면이 나오는 조건부확률 = 50% × 0.10% = 0.05%

② 가짜의 사전확률 × 가짜인 경우 10번 모두 앞면이 나오는 조건부확률 = 50% × 10.74% = 5.37%

또 동전이 진짜냐 가짜냐의 두 가지 선택밖에 없는 이상, 어느 경우라도 동전이 진짜인 확률과 가짜인 확률을 더하면 반드시 1이 된다. '10번 모두 앞면이 나왔다'는 결과가 얻어진 시점에서도 예외는 아니다. 즉 ①과 ②의 합계는 당연히 '1'이다.

좀 더 자세히 설명하면 ① '진짜 동전을 던져 10번 연속 앞면'이 나오는 0.05%의 확률과 ② '가짜 동전을 던져 10번 연속 앞면'이 나오는 5.37%의 확률의 합계는 5.42%가 된다. 이것은 동전을 던지기 전 '동전이 진짜인지 가짜인지 반반인 상황에서 10번 연속 앞면이 나올 확률은?' 하고 물었을 때의 대답이다.

하지만 '동전이 10번 연속 앞면이 나온 상태에서 동전이 10번 연속 앞면이 될 확률은?' 하고 물으면, 두말할 것도 없이 당연히 100%이다. '사람이 사람일 확률은?'이라는 질문과 완전히 똑같은 내용이기 때문이다. 철학적인 현학을 부리지만 않는다면, 누구라도 100%라고 대답할 것이다.

그러니까 '동전이 10번 연속 앞면이 나온 상태에서 동전이 진짜일 확률은?' 하고 물으면 마땅히 100%가 돼야 하는 5.42%라는 확률에서 차지하는 0.05%라는 확률의 비율을 생각하면 되고, '동전이 10번 연속 앞면이 나온 상태에서 동전이 가짜일 확률은?' 하고 물으면, 마찬가지로 5.42%라는 확률에서 차지하는 5.37%라는 확률의 비율을 생각하면 된다.

①과 ② 각각의 값을 ①과 ②의 합계인 5.42%로 나눠준다. 그러면 '10번 모두 앞면이 나오는 경우에 이 동전이 진짜일 확률'은 ① ÷ (① + ②) = 0.05 ÷ 5.42 = 0.90%가 되며, '10번 모두 앞면이 나오는 경우에 이 동전이 가짜일 확률'은, ② ÷ (① + ②) = 5.37 ÷ 5.42 = 99.10%라는 계산이 나온다.

도표 53 베이즈 확률의 계산 ①

	진짜	가짜	합계
사전확률	50.00%	50.00%	100.00%
조건부확률	0.10%	10.74%	
사전확률 × 조건부확률	0.05%	5.37%	5.42%
사후확률	0.90%	99.10%	100.00%

즉 10번 모두 앞면이 나온 데이터로부터, 이것은 99.10%의 확률로 가짜 동전이라고 베이즈론자는 판단한다. 이와 같이 사전확률과 데이터에 근거해 산출된 확률을 사후확률이라고 부른다.

계산 결과를 정리하면 〈도표 53〉처럼 나타난다.

참고로 '베이즈'는 이런 방법론을 자신의 수필에서 다뤘던 목사의 이름이며, 그의 사후에 프랑스 수학자인 라플라스Pierre S. Laplace, 1749~1827에 의해 '베이즈 정리'라는 이름으로 폭넓게 알려졌다.

계량경제학과 궁합이 잘 맞는 베이즈 통계

사회조사, 역학, 생물통계학, 심리통계학 분야에는 빈도론자가 많고, 계량경제학자 중에는 베이즈론자가 증가하고 있다. 그리고 데이터마이닝 전문가들은 특별히 어느 쪽을 의식하지는 않지만 베이즈론 쪽으로 치우치는 경향을 보인다.

똑같은 통계학자 중에서도 빈도론자와 베이즈론자는 뿌리 깊은 대립 구도를 형성하고 있다. 빈도론자들은 베이즈론자들을 향해서 '사전확률을 설정'하는 것은 도무지 말이 되지 않는다, 사전확률을 달리 상정하면 99.1% 가짜라는 사후확률은 완전히 별개의 것이 되어버린다, 그처럼 아무렇게나 얻어진 확률이 도대체 무슨 의미가 있다는 말인가, 라고 말한다.

한편 베이즈론자들은 최초의 사전확률이 90%, 이것은 진짜라고 생각하더라도 '10번 모두 앞면'이라는 데이터로부터 도출된 사후확률은 '92.43% 가짜'이므로, 사전확률에 의한 영향은 적다고 주장하고 싶을 것이다.(도표 54)

예를 들어 동전을 3번만 던질 수 있는 상태에서 빈도론은 '어느 쪽인지 모른다'는 판단밖에 못하지만, 베이즈론에 의하면 적어도 어느 쪽의 가능성이 높은지는 판단할 수 있다.

그래서 실수가 용납되지 않는 보수적 판단이 요구되는 분야일수록 빈도론에 의존하는 경향이 있다. 의료 분야에서 신약 사용을 승인할지 말지의 판단은 가장 실수가 용납되지 않는 영역이다. 아무런 효과도 없는 약에 보험 급여라는 명목으로 '국민 모두의 돈'이 사용되는 것은 윤리적으로 용납되지 못할 뿐만 아니라 그로 인해 누군가의 생명이 좌우될 수도 있기 때문이다.

그래서 회귀모델에 의한 조정이나 성향점수의 사용조차 허용되지 않으며 임의화 비교실험을 한 다음 오차로 보기 힘든 수준의 유효성을 나타낸 것만 승인하는 것이 국제적인 관례이다. 이처럼

도표 54 베이즈 확률의 계산 ②

	진짜	가짜	합계
사전확률	90.00%	10.00%	100.00%
조건부확률	0.10%	10.74%	
사전확률 × 조건부확률	0.09%	1.07%	1.16%
사후확률	7.57%	92.43%	100.00%

실수가 용납되지 않는 판단을 할 때는 '효과가 있을지 없을지는 몰라도 확률은 반반이니, 그냥~' 하는 따위의 사전확률은 결코 적용시킬 수 없다. 인과 추론을 왜곡할 수 있는 가정은 적극적으로 피해야 하기 때문이다.

오랜 세월 국가 데이터를 만드는 일에 고심해온 사회조사 통계 전문가도, '만약 실업률이 3%라면~' 등의 가정을 하는 것은 잘못된 정책 결정으로 이어질 수 있기 때문에 베이즈론을 좋아하지 않는다. 본래 대량의 임의 표본에서 올바른 추정치를 얻는 것을 전제로 하는 사회조사 분야에서는 베이즈적 사고방식의 이점은 매우 적다. 인구 밀집 지역이 아닌 곳이나 소수자를 대상으로 한 조사에서 일부 베이즈적 기법을 이용하는 것이 고작이다.

한편 빈도론과 베이즈론 중 어느 것이 연역적 추론과 궁합이 잘 맞을까? 그 대답은 최근 계량경제학자들 사이에 베이즈론자가 증가하고 있는 사실로 미루어 알 수 있을 것이다. 베이즈적 사고방식에서는 '사전확률'이라는 가정을 두면 데이터로부터 무엇을 알 수 있을까, 하는 연역이 가능해진다.

경제학은 100년 이상 되는 연역의 역사 속에서 생겨난 수많은 이론적 모델을 가지고 있다. 경제학자는 지금 여기서 얻은 현실의 데이터 자체도 중요시하지만, 그보다는 100년 이상 되는 역사의 틈바구니에서 배양된 이론을 더욱 신뢰한다. 그렇다면 단지 '이론 없는 계측'을 통해 얻은 데이터에 회귀모델을 적용시키기보다는, '이론에 근거하면 회귀계수가 어떤 확률로 어떤 범위의 값을 취할까' 하며 사전확률을 가정할 수 있는 베이즈적 방법론을 선택해 이론을 유효하게 활용하는 편이 낫다.

스팸메일 판별에 위력을 발휘하는 베이즈 통계

데이터마이닝에도 베이즈적인 기법이 존재하는데, 가장 유명한 것으로 스팸메일을 판별하는 알고리즘을 들 수 있다.

일반적으로 일본인이 받는 메일의 10% 정도가 스팸메일이라는 것이 지금까지의 데이터 분석 결과 밝혀졌다. 보통메일과 스팸메일의 제목을 각각 살펴보니 스팸메일 중 10%는 'Britney'란 단어가 삽입되어 있었다. 본문을 보면 브리트니 스피어스의 무료 성인 동영상이나 스캔들에 대한 내용이 대부분이었다. 물론 보통의 일본인이 브리트니 스피어스 관련 메일을 일부러 영어로 보내는 경우는 거의 없으므로 진짜 메일은 전체의 0.01%도 되지 않는다.

도표 55 스팸메일을 베이즈적으로 판별

	보통	스팸	합계
① 사전확률	90%	10%	100%
② 제목에 'Britney'	0.01%	10%	
① × ②	0.009%	1%	1.009%
사후확률	0.009%	99.991%	100%

데이터를 근거로 'Britney라는 단어가 제목에 들어간 메일'을 살펴보면 방금 전의 가짜 동전과 같은 계산으로 99.991%의 사후확률로 스팸메일이라는 것을 알 수 있다.(도표 55)

이러한 기법은 의약품 승인과는 달라서 '다소 착오가 있어도 무방하니 신속히 어느 정도의 확률로 정답을 얻으면 된다'라는 생각에 근거해 이용되고 있다.

빈도론에 근거하면 받은 메일을 충분히 확보하고 나서, 'Britney라고 하는 단어가 제목에 포함된 메일이 보통메일일 확률은 매우 낮다'라고 판단하게 되지만, 스팸메일로부터 1초라도 빨리 해방되고 싶으면 베이즈적으로 생각하는 편이 낫다. 어차피 계속 사용하는 동안에 사후확률은 조금씩 수정되어 잘못된 분류도 점차 줄어들게 마련이다.

지금까지 살펴보았듯이 베이즈론과 빈도론의 어느 쪽이 옳고 그른지를 판단하는 것은 아무런 의미가 없다. 한정된 정보와 가정을 조합하는 '효율성'이 요구된다면 베이즈론을 사용하면 되고, '잘못될 가능성을 줄이고 싶다'거나 '충분한 데이터가 확보되어 있다'면 빈도론으로 p- 값을 구하는 편이 낫다.

이토록 다양한 분야에서 통계학을 이용하고 있으니 자신과 분야가 다르거나 다른 방식으로 이용되는 통계 기법의 의미를 이해하려면 어려움이 따르는 것이 당연하다. 그렇지만 자신이 배운 통계학과 다르다는 이유로 거부하거나 쓸데없이 비판하는 것은 안

타까운 일이다. 지금까지 이 장에서 소개된 통계 전문가들의 관점 차이를 제대로 이해하고 서로 다른 처지에서 키워진 지혜를 자신의 필요에 따라 활용하는 것이 더 현명한 자세이다.

통계학은 그 자체로 최강의 학문이지만 그 강력함을 한층 더 반석 위로 올려놓으려면 통계학의 모든 사고방식을 섭렵한 전문가가 될 필요가 있다.

제7장

에비던스 활용하기

s t a t i s t i c s

30
거인의 어깨 위에 서는 방법

지금까지 살펴본 이 책의 내용을 충분히 익혔다면 통계학으로 기술된 대부분의 정보를 이해하는 데 별다른 문제는 없으리라고 본다.

근대 물리학을 낳은 뉴턴은 '내가 먼 곳을 바라볼 수 있는 까닭은 거인의 어깨를 밟고 서 있기 때문'이라는 말을 남겼다. 여기서 거인이란 '선인들의 지혜'를 뜻한다. 선인들이 쌓아올린 지혜를 내 것으로 만들고 그 위에 설 수만 있으면 자기 혼자서 머리를 짜낼 때보다 훨씬 더 멀리 내다볼 수 있다. 뉴턴 같은 위대한 천재조차 선인들의 지혜를 발판삼아 도약했다는데 당연히 우리도 그렇게 해야 하지 않겠는가.

세상에는 학자나 전문가가 평생의 과업으로 쌓아올린 다양한 지혜가 있다. 지금까지도 여러 차례 소개한 내용이지만, 오늘날 그 지혜는 대부분 회귀계수나 p-값 등에 의해 표현이 가능하다. 통계 리터러시는 이러한 지혜를 신속하고 정확하게 활용하도록 도와주며 나아가 여러분을 거인의 어깨 위로 인도할 것이다.

이 책의 마지막에서는 통계 리터러시를 여러분의 인생에서 실제로 활용하기 위해 에비던스를 찾는 방법을 소개한다.

에비던스의 계층구조

에비던스란 과학적인 근거, 즉 증거를 일컫는 말이다. 오늘날 의료는 EBM Evidence-Based Medicine이라 해 반드시 에비던스에 근거해 치료방법을 선택하는 것을 원칙으로 삼고 있다. 앞에서 이미 밝혔듯이 미 · 유럽에서는 교육제도나 정책을 결정할 때 에비던스를 중시해야 한다는 법률 가이드라인까지 마련되어 있다.

과학적 근거라 하면 과학적으로 연구된 결과는 무엇이든 에비던스로 취급해도 되는 것처럼 느껴지겠지만 에비던스라 해서 모두 수평적 관계에 있는 것은 아니다. 거의 틀림없는 근거로서 전폭적으로 신뢰 가능한 것에서부터 참고만 해야 하는 가설에 이르기까지 다양한 체계로 이루어져 있다.

최하층에 속하는 에비던스로서는 '전문가의 의견'과 '기초실험의 결과'를 꼽을 수 있다. 전문가의 의견이 에비던스로서 가장 낮은 신뢰성밖에 없다고 말한 이유를 이제 와서 새삼 언급할 필요는 없으리라고 본다. 한편 기초실험이란 시험관에서 실행하는 생화학적 실험이나, 쥐 또는 원숭이 등을 이용하는 동물실험 등을 말한다.

내가 지금까지 들었던 에비던스 중에서 가장 나를 미묘한 감정에 빠트렸던 것은, '달걀이 우울증에 효과가 있다'는 '에비던스'였다. 쥐를 물속에 넣고 하는 실험으로 쥐가 물속에서 일정시간 발버둥을 치다가 무력감에 휩싸여 움직이지 못하는 상태를 인간의 우울증과 흡사하다고 생각하는 것 같다. 그런데 한 달 동안 달걀을 먹인 쥐는 그렇지 않은 쥐의 1.3배나 더 발버둥을 쳤다고 한다.

동물실험의 윤리성 문제는 둘째치고 빠져 죽기 직전 쥐의 자포자기 상태와 인간의 우울증 치료를 동일선상에 놓는 추론부터에 의문을 가지는 사람이 많으리라.

동물실험의 결과 이외에도 '뇌 안에서 ○△기능을 하는 성분이니까'라거나 '몸속에서 ○□를 만드는 성분이니까'라는 근거밖에 없는데, '이 영양소를 먹는 것이 몸에 좋다'라는 말들이 텔레비전이나 잡지에 넘쳐흐른다. 그러나 머리카락을 먹었다고 대머리 증상이 좋아지지 않는 것처럼 몸속에서 어떤 기능을 하는 성분을 섭취한다고 효과가 생기지는 않는다. 위나 장에서 분해되거나 간장이나 신장에서 흡수될 뿐이며 더욱이 뇌로 연결된 혈관에는 불필요한 물질이 흘러들어가지 않도록 혈액뇌관문이라는 기관이 있기 때문이다.

그렇기 때문에 제약회사는 기초실험 결과를 상품화하기 위해 수백억 엔이라는 막대한 연구비를 투입해 어떻게든 표적으로 삼은 장기에 안착하도록 끊임없이 연구 조사하는 것이다. 그러나 이렇게 엄격한 실험과 조사 과정을 거쳤더라도 그중의 상당수는 최종적인 임의화 비교실험 단계에 올라가기도 전에 사장되고 만다.

이토록 혹독한 과정을 거치지 않고 기초실험의 결과만으로 '몸에 좋다', '뇌에 좋다'며 안이하게 생각하는 것은 인체나 약학, 아울러 기초실험의 연구 자체를 너무 허투루 보고 저지르는 비약이다. 기초실험은 많은 시행착오를 겪는 과정에서 실증해야 할 중요한 가설을 세워주지만, 그대로 인간이나 사회에 적용할 수 있을 만큼 과학은 그렇게 단순하지만은 않다.

최고의 에비던스 – '계통적 리뷰'와 '메타 분석'

그렇다면 유용한 에비던스는 어떤 것일까? 인간에게 유용한 에비던스로 중요시되는 것은, '현실의 실제 상황에서 적정 수의 인간을 분석한 결과'이다. 이러한 연구 방법으로 여러분은 이미 역학 등의 관찰 연구와 임의화 비교실험이 있다는 것을 안다. 그리고 임의화 비교실험에 의해 나타난 결과는 거의 신용할 수 있는 '타당한 인과 추론'이라는 것도 배웠다.

임의화 비교실험이 해결해야 할 유일한 과제는, 인간이 연구

대상이 되는 경우 임의 표본추출을 전 국민이나 전 인류로부터 선정할 수 없다는 점이다. 대학생이나 의사 혹은 70세 이상의 노인만으로 한정된 집단을 대상으로 분명하고 타당한 추론을 도출했더라도, '대상이 바뀌면 결과도 다르지 않겠는가' 하는 비판에서 자유로울 수 없다.

그런 점을 보완하기 위해 자주 이용되는 것이 계통적 리뷰systematic review와 메타 분석meta analysis이다.

리뷰는 복수의 연구를 정리해 결국 어떤 해석이 가능한지 밝히는 일을 말한다. 예를 들어 비디오게임과 소년범죄의 관련성에 흥미를 가진 학자라면, 이 영역에서 지금까지 누가 어떤 연구를 했으며 그 결과 어떤 내용이 밝혀졌는지 잘 알고 있다. 그런 정보를 정리 소개하고 아울러 자신의 의견을 덧붙이는 것은 학자가 어떤 글을 쓰더라도 반드시 해야 할 일이다.

하지만 리뷰 중에서 자신의 의견을 뒷받침하는 데 유리한 결과만을 뽑아 쓰는 일도 가능하다. 게임이 소년범죄에 악영향을 미친다는 입장에서 연구하는 학자라면, 자기 의견을 뒷받침하는 데 별 도움이 되지 않는 '게임과 소년범죄의 관련성을 분석했지만 오차범위 정도의 관련성밖에 없다'거나 '오히려 소년범죄가 줄어들었다'라는 연구결과 등은 쏙 빼놓고 공개할 수도 있다.

이처럼 '자기 의견에 유리하게 이용만 하는 리뷰'를 요즘은 '서술적 리뷰'라 부르며 주관성 유무를 주의 깊게 살피고 있다. 객관성이 담긴 계통적 리뷰가 중요시되는 이유이다.

계통적 리뷰는 미리 '검토할 논문의 조건'을 결정한 상태에서 과거에 공표된 관련 분야의 모든 문헌으로부터 조건과 합치되는 것을 골라낸다. 방금 전의 예로 말하면, '미성년, 범죄, 비디오게임'이라는 단어를 포함하고 있고, 소년범죄와 비디오게임과의 관련성을 통계해석한 모든 논문을 수집 · 분석한 다음 마지막으로 어떤 내용이 밝혀졌는지 결론을 정리한다. 이런 식으로 해야만 주관 등이 거의 포함되지 않은 '현시점에서 최선의 대답'이 될 수 있다.

메타 분석은 이러한 계통적 리뷰 중에서 복수의 임의화 비교실험이나 관찰 연구를 통해 보고된 통계해석 결과를 한층 더 심도 있게 정리하는 작업을 말한다.

계통적 리뷰와 메타 분석을 정점에 둔 에비던스의 체계는 〈도표 56〉과 같이 정리된다. 전문가의 의견이나 기초실험보다는 관찰 연구가, 그리고 임의화 비교실험이 더욱 신뢰 가능한 에비던스임을 알 수 있다. 따라서 복수의 임의화 비교실험이나 관찰 연구를 메타 분석해 얻어진 결과는 현재 최선의 대답이라 할 수 있다.

'최선의 대답'은 공개되어 있다

계통적 리뷰와 메타 분석의 결과는 인류 전체가 공유할 '최선의 대답'이므로 다양한 분야에서 그 결과를 모아 공유하려는 움직임이 일고 있다.

도표 56 네 계층으로 나눈 에비던스

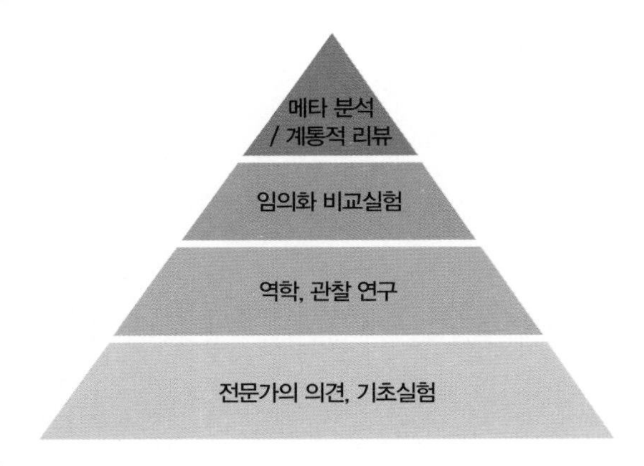

최초의 움직임은, 영국의 의사이자 역학자인 아치볼트와 코크란의 제창에 의해 1992년 영국에서 시작된 코크란 공동계획(http://www.cochrane.org/)이다. 또 코크란 공동계획의 영향을 받아 사회정책 과학 분야에서 캠벨 공동계획(http://www.campbellcollaboration.org/)이 2000년에 첫발을 내디뎠으며, 2002년에 출발한 교육학 분야의 What Works Clearinghouse 프로젝트(http://ies.ed.gov/ncee/wwc/)에 대해서는 앞에서 이미 소개한 바 있다.

이들이 웹사이트 상에 계통적 리뷰 결과를 공표해 놓아 쉽고 편리하게 접할 수 있으며, 그 이외의 일반적인 논문 데이터베이스 중에서 찾을 때는 'meta-analysis(메타분석)' 혹은 'systematic review'라는 키워드로 검색하면 된다. 아래에 대표적인 영어문헌 데이터베이스를 몇 가지 소개하니 참고하기 바란다(대학이나 대형

도서관의 사서에게 물으면 이보다 자세한 내용을 알 수 있을지도 모른다).

구글이 제공하는 Google Scholar(http://scholar.google.co.kr/)도 편리한 문헌검색 서비스이다. 기본적으로는 대부분 영어로 되어 있지만, 영어를 전혀 모르는 사람도 에비던스에 접할 수 있다.

다시 한 번 강조하지만, 영어에 약한 사람이라도 통계 리터러시만 있으면 결과를 해석하는 데는 아무런 문제가 없다. 나 역시 학창시절 때 신통치 않은 영어 실력으로도 많은 문헌을 읽을 수 있었는데, 대부분의 내용이 도표나 표 형태였고 중요한 내용은 숫자로 적혀 있기 때문이다. 그러므로 regression coefficient(회귀계수), confidence limit(신뢰한계 또는 신뢰구간), p-value(p-값), significant(유의, 즉 오차범위가 아닌 것) 등의 기본적인 통계학 관련 영어를 이해하고 설명변수나 반응변수의 의미만을 어떻게든 사전을 통해 조사하면 대체로 무슨 말을 하는지 어렵지 않게 파악할 수 있다.

도표 57 대표적인 논문 데이터베이스

이름	URL	분야
ERIC	http://www.eric.ed.gov/	교육학
PsycINFO	http://www.apa.org/psycinfo/	심리학
Econlit	http://www.aeaweb.org/econlit/	경제학
Pubmed	http://www.ncbi.nlm.nih.gov/pubmed	의학
JSTOR	http://www.jstor.org/	종합

31
에비던스, 어떻게 찾을 것인가

문헌 데이터베이스에 적절한 검색어를 넣으면, 에비던스를 찾을 수 있다. 소재는 무엇이든 상관없다. 예를 들어 고용문제 해결에 관심이 있다고 하자. 실업이나 워킹푸어 같은 고용문제에 대해 정치가나 경제 전문가들은 '대단히 심각한 문제'라느니 '노력하는 사람이 보답받는 사회' 등 추상적 표현을 마다않고 거창하게 말들을 하는데, 에비던스는 도대체 어떤 대답을 해줄까.

영어문헌 찾는 법

이제 영어를 두려워하지 말고 구글 스콜라Google Scholar를 통해 검색을 해보자.

방금 전의 단어들을 그대로 영어로 바꿔 검색하면 된다. 고용은 Employment, 정책은 Policy이다. 계통적 리뷰를 찾는다면 'Systematic Review'나 'Meta-Analysis'라는 단어를, 임의화 비교 실험을 찾는다면 'Randomized'라는 단어를, 그리고 관찰 연구라면 'Heckman', 'Propensity Score', 'Regression' 따위의 단어를 검색어로 이용하면 된다.

실제로 구글 스콜라에서 'Employment Policy Meta-Analysis'라는 단어로 검색해보면 〈Active Labour Market Policy Evaluations : A Meta-Analysis〉라는 제목으로 2010년에 발표된 논문이 발견된다. 직역해 읽기만 해도 '노동시장 정책의 평가'에 관한 메타 분석 논문, 그야말로 최상 수준의 에비던스인 것을 알 수 있다.

영어에 자신이 있으면 이 논문의 서두에 적혀 있는 요약문을 읽어보면 좋고, 그렇지 않으면 구글 번역을 거치는 방식도 있다. 아래와 같은 번역 결과가 얻어질 것이다.

> 본 논문에서는, 적극적 노동시장 정책의 Micro-econometrics 최근 평가의 메타 분석을 제시한다. 여기에 있는 샘플은 1995년부터 2007년에 걸쳐 실시되고 97의 연구를 통해 얻어진 199 프로그램의 견적으로 구성되어 있다. (중략)
> 프로그램의 종류를 비교하면 보조금, 공공부문의 고용 프로그램은 적어도 영향 호조 견적을 가지고 있다. 취직 활동 지원 프로그램은, 교실의, 비교적 양호한 단기적인 영향을 가지고 있어 온 더 잡 트레이닝 프로그램은, 단기보다 중기적으로는 좋은 결과를 나타내는 경

향에 있다.

완벽한 번역은 아니지만 이 정도만으로도 1995년부터 2007년에 걸쳐 실시된 199개의 정책 프로그램을 평가한 내용이라는 것을 알 수 있다. 또 중략 이후의 문장에 '유효한 정책은 무엇인가' 하는 내용이 전개될 것이라는 추측도 가능하다. 번역 사이트를 이용할 경우 오역 등의 가능성도 있으므로 결론을 내리는 것은 보류하면서, 보조금subsidized, 공공부문public sector, 취직 활동 지원Job search assistance, 교실의classroom, 직장 내 직업훈련 on the job training 같은 단어에 주목해 정책의 유효성에 관한 통계해석 표를 찾아내면 된다.

도표 58 노동정책으로 효과가 있었던 프로그램의 비율

	Percent of Estimates that are:		
	Significantly Positive	Insignificant	Significantly Negative
Short Term Impact Estimates(~12 Months) Overall Sample(N=183)	39.3	32.8	27.9
Medium Term Impact Estimates(~24 Months) Overall Sample(N=108)	50.0	39.8	10.2
Long Term Impact Estimates(36+ Months) Overall Sample(N=50)	54.0	40.0	6.0

출처 : 〈Active Labour Market Policy Evaluations: A Meta-Analysis〉 표 5로부터 저자 작성

이 논문에서는 도표로 마지막을 장식하고 있는데 그중 참고가 될 만한 것으로 프로그램의 비율을 나타낸 표가 있기에 소개하고자 한다.(도표 58)

Estimate는 '추정한다'의 뜻이고 'N='은 표본의 개수를 나타낸다. 또 Significant라는 말은 '유의한', 즉 '오차로 보기 힘든 수준'이라는 뜻이다. 이처럼 통계학 전문용어만 알고 있다면 영어가 약한 사람이라도 도표을 이해하는 데는 별다른 어려움이 없다.

단기적인 효과(12개월 이내)로서 유의한 양수의 결과를 나타낸 정책은 단기 지표로 평가한 총 183개 프로그램 중 39.3%이며, 마찬가지로 이중 32.8%는 '유의하지 않은 오차범위', 27.9%는 오히려 '유의한 음수'였다.

중기적(24개월 이내) 혹은 장기적(36개월 이상) 관점에서 평가한 정책은 단기적일 때보다는 적지만, '유의한 양수'로 나타난 정책 비율은 증가해 과반수를 차지한다. 아무래도 고용정책을 제대로만 펼치면 성과를 실증할 수 있다는 결론을 내린 것 같다.

이밖에 회귀분석의 결과를 나타내는 표도 있었는데 여기에는 프로그램의 종류별로 중기적인 정책의 효과를 표시했다.

표에는 각각 여섯 종류의 회귀모델이 있는데, 프로그램 종류에 의한 효과의 차이에 주목한 모델(2)과 전체 변수로 조정한 모델(6)만 봐도 '어떤 정책이 효과가 있는지'를 알 수 있다. 그 결과의 요점만 뽑아낸 것이 〈도표 59〉이다.

도표 59 중기적 정책 프로그램의 효과

Dummies for Type of Program	Model (2) (프로그램의 차이)	Model (6) (전체 변수로 조정)
Classroom or On-the-Job Training	0.56	0.95
Job Search Assistance	0.66	0.53
Subsidized Private Sector Job	0.24	0.32
Subsidized Public Sector Job	−0.58	−0.80

출처 : 〈Active Labour Market Policy Evaluations: A Meta-Analysis〉 표 8로부터 저자 작성

표의 설명 부분을 보면 Ordered Probit Models for Sign/Significance~라 적혀 있는데, 이것은 순서 프라빗 회귀라는 기법을 사용해 각각의 프로그램이 '오차로 보기 힘든 음의 효과', '오차범위' '오차라고 보기 힘든 양의 효과' 중 어디에 해당할 가능성이 높은지의 관련성을 나타낸다. 순서 프라빗이란 두 값, 즉 0인가 1인가로 표시되는 반응변수에 대해서 실행하는 프라빗 회귀를, 0인가 1인가 2인가처럼 순서성이 있는 반응변수에 대해서 실행하도록 확장한 개념이다(마찬가지로 확장된 개념인 순서 로지스틱 회귀라는 것도 존재한다).

프라빗 회귀의 회귀계수는 로지스틱 회귀처럼 해석하기가 쉽지는 않다. 하지만 회귀계수가 양수라면 고용정책으로서 효과가 있을 것이 시사되며, 음수라면 반대의 가능성이 시사된다.

즉 교실 중심이든 OJT(직장 내 교육훈련) 형식이든 직업훈련 같은 정책 프로그램은 중기적인 고용대책일 경우에 효과를 발휘할

가능성이 더 크다. 직장 알선 지원정책 역시 중기적으로 더 유효하고 또 일반기업에 고용을 위한 보조금을 지원subsidize하는 방식도 나쁘지 않다. 그러나 공공부분, 즉 행정이나 공익법인과 같은 단체에 고용을 위한 보조금을 지출하는 것은 그다지 효과를 보지 못하는 것 같다.

영어단어를 사전에서 찾아가면서 하더라도 통계학에 관한 이해만 있으면 해외논문을 통해 이 정도의 정보는 얻어낼 수 있다. 그 이상의 지식을 얻고 싶다면 이제 마음을 단단히 먹고 '직장 알선 지원정책'이나 '일반기업에 대한 보조금' 등의 내용이 실린 논문의 본문을 읽거나 메타 분석의 대상이 된 논문의 원본을 읽어볼 것을 권한다.

명확히 드러난 과제

이처럼 통계 리터러시만 있으면 잠깐 조사한 내용만으로도 건설적인 논의에 참가할 수 있다. 일본에는 구인정보 사이트가 많은데 거기서는 취업 알선뿐만 아니라 직업훈련을 해주기도 한다. 이 밖에도 고용 관련 기업에 보조금을 지원해주는 등 일본의 정치가나 공무원들이 고용정책 수립을 게을리 하는 것은 아니다.

〈도표 60〉을 보면 알듯이 이 논문에는 국가별로 분석한 연구 수가 보고되어 있는데 안타깝게도 일본에 대한 내용은 실려 있지 않았다.

도표 60 국가별로 분석한 연구 수

	연구 수	%
오스트레일리아	2	1.0
호주	13	6.5
벨기에	6	3.0
캐나다	1	0.5
체코공화국	1	0.5
덴마크	25	12.6
도미니카공화국	1	0.5
에스토니아	1	0.5
핀란드	2	1.0
프랑스	14	7.0
독일	45	22.6
헝가리	1	0.5
이스라엘	2	1.0
네덜란드	4	2.0
뉴질랜드	3	1.5
노르웨이	7	3.5
페루	2	1.0
폴란드	5	2.5
포르투갈	2	1.0
루마니아	4	2.0
슬로바키아	13	6.5
스페인	3	1.5
스웨덴	19	9.5
스위스	9	4.5
영국	4	2.0
미국	10	5.0

출처 : 〈Active Labour Market Policy Evaluations: A Meta-Analysis〉 표 2로부터 저자 작성

연구를 업으로 삼는 현장의 실무자나 전문가들이 성과를 실증하지 않고, 그들의 일을 비판하는 평론가나 정치가들은 제대로 된 논문 한 편도 읽지 않고 무책임한 의견을 말하는 경우가 많다. 그런데도 그들을 감시하고 평가해야 할 시민들은 그런 현상에 대해 아무런 문제의식이 없다.

이 모든 사실을 놓고 볼 때 '일본은 통계 리터러시 부족'이라 말할 수 있을지도 모른다. 통계 리터러시가 없으면 비즈니스 문제는 물론 정치, 사회 관련 문제에 대해서도 경험과 감에 의존해 무의미한 논의만 되풀이하게 된다.

전 일본에서 전개되는 '무의미한 논의'는 이제 그만두어야 한다. 그리고 여러분들이 이 책을 통해 체득한 무기와 교양을 발판으로 더 나은 나라를 만들기 위해 큰 역할을 해주길 바랄 뿐이다.

| 맺음말

내 아버지는 외과의사로 은퇴할 때까지 가족과 함께 지내는 날이 거의 없었고 잠자는 시간까지 아껴가며 일에만 몰두하셨다. 당신의 실패로 누군가가 목숨을 잃었을 때 본인이 용서받을 수 있는 방법은 오로지 끊임없이 '전력을 다해 일하는 것'뿐이라고 생각하셨던 것 같다. 변명의 여지가 없을 만큼 전력을 다해 일하고도 실패한다면, 그것은 아마 재능 부족이거나 운명이거나 아니면 본인조차 어찌할 수 없는 초월적 현상 탓이다. 그러므로 전력을 다해 일하는 것만이 당신이 걸어가야 할 길이라 생각하셨다고 한다.

나는 아버지의 그런 생각을 어려서부터 존경했다. 하지만 언제부턴가 나는 '전력'과 '최선'은 다른 것이라 생각하기 시작했다. 예를 들어 잠자는 시간까지 아껴가며 눈앞에 있는 일을 계속하는 것, 그것은 분명 전력이다. 그러나 장기간에 걸쳐 수면시간을 충분히 갖지 못한 탓에 집중력이 떨어지거나 건강을 해쳐서 전체적으로 실패가 늘어난다면 이것은 '최선'이 아니다.

실패가 용서되지 않는 것은 의사에게만 국한된 이야기가 아니다. 경영자의 실수는 직원과 그 가족을 길거리로 내몰 수 있다. 직원의 실수는 고객이나 동료에게 큰 폐를 끼친다. 부모의 실수는 아이의 인생을 망칠 수 있다. 그렇게 커다란 실수를 저질렀을 때 우리는 엄청난 죄의식을 느낀다.

어떻게 하면 우리는 이처럼 용서받기 힘든 실패에서 벗어날 수 있을까.

실패의 예는 프로선수의 경기에서 쉽게 찾아볼 수 있다. 매일 저녁뉴스를 보면 해설자는 점수를 낼 기회에서 삼진을 당한 타자나 골을 넣지 못한 축구선수의 자세를 들먹이며 '실패의 이유'를 설명한다. 하지만 전성기의 이치로조차 타석에 서면 반수 이상 진루를 못했고, 메시나 호나우드조차 시즌 중 70% 이상의 슛 찬스를 골로 연결시키지 못한다. 확률적으로 볼 때 실패하는 것은 '당연'하며, 거기서 무슨 실패의 이유를 들으려는 것은 참으로 어처구니없는 일이다. 하지만 그런 개별적 성공이나 실패에 연연하지 않고 최선의 도전을 계속하기 때문에 그들은 위대한 기록을 수립한다고 나는 생각한다.

그렇다면 우리는 어떻게 해야 최선을 다할 수 있을까?

실마리는 미국의 의료부문에서 '최선'으로 큰 성공을 거둔 사례인 100K Lives 캠페인에서 찾을 수 있을지도 모른다. '10만 명의 생명'이라 명명된 이 캠페인은 2004년부터 2006년에 걸쳐 미국 전체의 입원환자 사망률을 5% 낮춤으로써 연간 12만 명의 사망자를 줄였다.

그들이 했던 일은 단순했다. 심장정지/호흡정지의 위험이 있는 환자에게 긴급구조반 파견, 급성심근경색 환자에게는 에비던스에 근거한 철저한 치료, 투약 내용 확인의 의무화, 원내 감염 방지를 위한 화장실의 위생관리 등 '마땅히 지켜야 할 의료수칙' 목록을 작성해 전 병원에서 철저히 지키도록 했을 따름이다.

100K Lives 캠페인의 10만 명100K이라는 숫자는 〈To Err is Human〉이라는 제목으로 미국의학연구소Institute of Medicine가 출판한 보고서 내용에서 인용했다. 보고서 첫머리를 보면 미국인은 해마다 약 10만 명이 마땅히 지켜야 할 의료수칙을 지키지 않아 의료사고로 죽는다는 충격적인 내용이 공표되었는데, '그렇다면 마땅히 지켜야 할 의료수칙만 지키면 된다'에서 100K Lives 운동이 확산되었다.

최선이 무엇인지 아무리 생각해봤자 혼자 머리로는 '무조건 노력한다'라는 정도의 아이디어밖에는 떠오르지 않는다. 하지만 세상에는 다양한 분야에서 최선을 다하기 위해 목숨까지 내걸 정도의 노력을 기울이는 사람들이 있다. 무책임한 평론가나 학자가 거짓 '최선'으로 논문을 발표하면 그것이 문헌 데이터베이스에 축적될지는 몰라도 거기서 우리가 얻는 것은 하나도 없다.

우리가 해야 할 일은 대부분 이미 문헌이나 데이터를 통해 분명히 드러나 있다. 하지만 그것을 현실적으로 실행하기까지의 시간과 공간이 우리를 '최선'으로부터 멀리 격리시키는지도 모른다.

우리가 해야 할 것은 최대한 신속하게 진실을 찾아내 이해하고 직접 실천하면서 그 지혜를 주위에 널리 보급하는 일이다. 통계학은 '최선'을 향해 가는 길을 가장 빠르고 확실하게 알려주는 학문이다.

통계학을 통해 얻어진 최선의 길을 사용하면 돈을 벌고 자신의 지성을 닦고 건강하게 살 수 있다. 하지만 그것은 어디까지나 부산물이다. 통계 리터러시가 우리 손에 쥐어진다면 자신의 인생을 언제든 최선의 상태로 조절할 수 있다는 믿음을 갖도록 한다는 것이 최고의 가치다.

《사람은 누구나 실수할 수 있다》라는 제목으로 〈To Err is Human〉의 일본어 번역서가 출판되었는데 이 제목은 원제의 느낌을 조금 해치고 있다. To Err is Human은 성서에서 인용된 말로 '실수는 사람의 일'이라는 게 더 적절한 번역일 것 같다. 이 말은 지금 이 순간에도 여전히 유효하다.

우리는 앞으로도 수없이 많은 실수를 범할 것이다. 하지만 실수가 비록 사람의 일이라고는 해도 최선을 다할 때 해결책이 구해지는 것은 인간에게 허락된 대단히 고마운 용서라고 나는 생각한다.

| 참고문헌

《생물통계학 입문 - 하버드 대학 강의 내용》, Marcello Pagano, Kimberlee Gauvreau(저), 다케우치 마사히로(감수, 번역)(마루젠)
《감염 지도 - 역사를 바꾼 미지의 병원체》, Stevens Johnson(저), 야노 마치코(번역)(카와이데 출판)
《머니볼 - 기적의 팀을 만든 남자》, Michael Lewis(저), 나카야마 히로시(번역)(랜덤하우스 고단샤)
《경제성장》, David N. Weil(저), 하야미 히로시, 하야미 히토시(번역)(피어슨 기리하라)
《빅데이터의 충격 - 거대한 데이터가 전략을 결정한다》, 시로타 마코토(동양경제신보사)
《통계학을 개척한 천재들 - 경험칙에서 과학으로 전진한 일세기》, David S. Salsburg(저), 다케우치 요시유키, 구마가이 에쓰오(번역)(일본경제신문사)
《엔도 야스히토가 있으면 팀의 승점은 117%가 된다 - 데이터가 보이는 축구의 새로운 매력》, 니시우치 히로무(소프트뱅크 크리에이티브)
《그 수학이 전략을 결정한다》, Ian Ayres(저), 야마가타 히로오(번역)(문예춘추)
《일반화 선형모델 입문 원저 제2판》, Annette J. Dobson(저) 다나카 유타카, 모리카와 도시히코, 야마나카 다케하루, 도미타 마코토(번역)(교리쓰 출판)
《다변량해석의 전개 - 숨은 구조와 인과를 추리한다》, 아마리 · 이치, 사토 도시야, 다케우치 게이, 가노 유타카, 마쓰야마 히로시, 이시구로 마키오(이와나미 서점)
《통계적 인과 추론 - 회귀 분석의 새로운 구조》, 미야카와 마사미(아사쿠라 서점)
《개설 표본 조사법》, 쓰치야 다카히로(아사쿠라 서점)
《지능》, Ian J. Deary(저), 시게마스 가즈오(번역)(이와나미 서점)
《데이터마이닝 입문》, 도요타 히데키(토쿄 도서)
《마스터링 데이터마이닝 - CRM의 아트와 사이언스(사례편)》, Michael J. A. Berry, Gordon Linoff(저), 에하라 아쓰시, 사이토 시로, 사토 에이사쿠, 시미즈 사토시, 모리구치 다케시(번역)(가이분도 출판)
《셰익스피어는 누구입니까? - 계량 문헌학의 세계》, 무라카미 마사카쓰(문예춘추)
《마이크로 계량경제학 입문》, 기타무라 유키노부(일본평론사)
《베이즈 통계 입문》, 시게마쓰 가즈오(도쿄대학 출판회)
《연구개발의 조직 행동 - 연구개발 기술자의 실적을 얼마나 향상시킬까》, 히라키모토 히로야(추오 경제사)
《학력과 계층 - 교육의 파탄을 어떻게 수정할까》, 가리야 다케히코(아사히신문 출판)
《사람은 누구나 실수할 수 있다 - 더 안전한 의료시스템을 지향하며》, Linda T. Kohn, M. Donaldson(편저), 미국의학연구소(저), 의학저널리스트협회(번역)(일본평론사)

| 옮긴이의 말

데이터 사회에서 살아남기 위한 무기와 교양

'정보의 홍수'라는 말을 들어본 적, 아니 직접 사용해본 적이 있습니까? 글쓰기를 좋아하고 신문 잡지 등 대중매체와 늘 가깝게 지내는 사람이라면 이 말을 결코 긍정적 의미로 받아들이지는 않을 겁니다. 그도 그럴 것이 1990년대 후반만 해도 홍수처럼 쏟아지는 정보는 대부분 쓰레기나 다름없게 보는 시각이 일반적이었기 때문입니다. 그나마 다행인 것은 그 쓰레기를 피하는 방법도 아주 간단했다는 점입니다. 불필요한 것은 읽지 않고, 보지 않으면 그만인 시대였으니까요.

하지만 2000년대에 들어 인터넷이 급속도로 보급되면서 '정보의 홍수' 시대라는 말은 더 이상 긍정적이지도 부정적이지도 않은 지극히 당연한 말이 되고야 말았습니다. 당연하므로 아무런 감흥도 없는, 아무것도 유추시키지 않는 그런 말 말입니다. 그렇게 잊힌 말처럼 지내다가 우리는 2010년대를 맞이하게 됩니다. 빅데이터 시대의 도래이지요.

빅데이터가 화두가 되면서 '정보의 홍수'라는 말은 다시금 세인들의 입방아에 오르내리게 됩니다. 이 말은 TV, 인터넷, 신문 외에 거리 곳곳에서 배포되는 전단, 원하든 원치 않든지 휴대폰 문자나 이메일로 전달되는 광고, 휘황찬란한 길거리의 전광판 등 그야말로 정보의 홍수 속에 살고 있는 이 시대를 다시금 조명하고 있습니다. 달라진 게 있다면 빅데이터라는 말에는 부정적 이미지가 전혀 없다는 점입니다. 오히려 홍수처럼 쏟아져 들어오는 정보의 양보다는 올바른 정보를 정확하게 파악하는 분별력과 전문화가 중요하다고 강조하기까지 합니다.

이 책은 빅데이터 시대를 현명하게 살아가는 하나의 방법론을 제시합니다. 그 중심에는 바로 통계학이라는 학문이 있지요. 하지만 통계학을 최강의 학문 운운하며 잔뜩 바람을 집어넣으면서도 결코 학문으로 접근하지 않았다는 점이 참으로 이채롭습니다. 통계학의 전문적인 내용을 다루기보다는 빅데이터 시대에 실제로 응용 가능한 방법을 들어가며 통계 리터러시의 중요성을 일깨워주기 때문입니다. 통계학으로 할 수 있는 것과 없는 것의 경계를 분명히 나눠 설명하고 있으며, 그 유용성이 어떤 상황에서 어떻게 발휘되는지 구체적으로 제시합니다. 이 책은 총 7장으로 구성되어 있습니다. 전반부는 통계학의 효용에 대한 개괄적인 내용을 다루고 있는데 통계학의 역사를 기술한 부분이나 빅데이터에서의 활용 예와 용어해설 등은 가볍게 읽을거리로 삼아도 무방할 겁니다. 다만 의사결정을 하는 데 통계학자 어떤 방식으로 역할을 하는지는 눈여겨봐야 하겠지요.

중반 이후부터는 통계학의 여러 가지 구체적인 기법에 대해 나열하였는데 각 기법은 무슨 특징을 갖고 있으며 어떤 경우에 유용하게 쓰이는지 실례를 들어가며 설명하고 있습니다. 통계학의 전문용어와 수치가 자주 등장하는 관계로 다소 지루하게 느껴질지는 모르겠으나 일단은 통계학의 기법을 습득하려는 데 초점을 두지 않았으면 하는 바람입니다. 밥을 먹기 위해서는 숟가락이 꼭 필요하듯이, 이 책에서는 통계학을 학문으로 접근하기보다는 빅데이터 시대에서 살아남기 위한 필요불가결한 조건처럼 다루고 있기 때문입니다.

끝으로 후반부에서는 통계학자들의 관점 차이로 빚어진 논쟁을 소개함과 아울러 빈도론파와 베이즈파의 확률을 둘러싼 대립 등이 에피소드 형식으로 진행되어 또 다른 흥미를 더해줍니다. 아울러 유용한 데이터를 얻기 위한 검색 요령도 마지막 부분에 간략하나마 다루고 있는데, 누구나 검색의 달인이라 자부할 듯한 요즘의 우리 현실에 비춰볼 때 다소 지나친, 불필요한 친절이 아닌가 하는 느낌을 받기도 합니다.

번역하는 내내 가졌던 생각입니다만 이 책은 결코 통계학의 입문서가 아니며 전문서적은 더더욱 아닙니다. '정보의 홍수' 시대를 거쳐 '빅데이터' 시대를 살아가는 우리에게 통계학이란 무엇이며 어떻게 유용성을 발휘하는지 깨우쳐주는 역할에 초점이 맞춰져 있기 때문입니다.

따라서 여러분이 이 책을 읽고 통계학은 무슨 거창한 학문이 아니라 앞으로 모든 장면, 비즈니스 현장을 포함한 대부분의 일상생활에서 필요성이 더욱 커지겠구나, 하는 생각만 가졌더라도 소기의 목적은 달성되었다고 봅니다.

통계학의 배를 타야만 올바르게 도달할 수 있는 빅데이터 시대!

그 승선표를 지닌 여러분을 진심으로 환영합니다.

신 현 호

빅데이터를 지배하는

통계의 힘

초판 1쇄 발행 2013년 7월 30일
개정판 1쇄 발행 2023년 5월 12일

지은이 니시우치 히로무
옮긴이 신현호
감 수 홍종선
펴낸이 이범상
펴낸곳 (주)비전비엔피·비전코리아

기획 편집 이경원 차재호 김승희 김연희 박성아 김태은 박승연 박다정
디자인 최원영 한우리 이설
마케팅 이성호 이병준
전자책 김성화 김희정
관리 이다정

주소 우) 04034 서울특별시 마포구 잔다리로7길 12 (서교동)
전화 02) 338-2411 | **팩스** 02) 338-2413
홈페이지 www.visionbp.co.kr
인스타그램 www.instagram.com/visionbnp
포스트 post.naver.com/visioncorea
이메일 visioncorea@naver.com
원고투고 editor@visionbp.co.kr

등록번호 제313-2005-224호

ISBN 978-89-6322-203-5 14320

· 값은 뒤표지에 있습니다.
· 잘못된 책은 구입하신 서점에서 바꿔드립니다.

도서에 대한 소식과 콘텐츠를
받아보고 싶으신가요?